社外プレゼンの
Making perfect presentation materials
資料作成術

Maeda Kamari

前田鎌利

ダイヤモンド社

Prologue
はじめに
「心」を動かすプレゼン資料をつくろう！

 ### 孫正義社長に鍛えられた「心」を動かすプレゼン術

　営業、説明会、発表会、コンペ、講演会、IR……。
　社外に向けてプレゼンテーションを行うスキルは、ビジネスパーソンにとって極めて重要です。どんなに優れた商品やサービスであっても、それをどのように伝えるかによって、お客様や取引先の反応には天地の差が生まれます。伝えたい内容を短時間で理解していただき、「購入しよう」「前向きに検討しよう」と思っていただけるプレゼンができるかどうか。そのスキルの有無は、仕事の成果を大きく左右し、キャリアにも大きな影響を及ぼすのです。

　ところが、プレゼンに苦手意識をもつ人が多いのではないでしょうか？
　何を隠そう、私自身がそうでした。どちらかというと控え目な性格ですから、人前で話すことが苦手。しかも口下手ですから、なおさらです。にもかかわらず、最初に入った会社で与えられた仕事は「飛び込み営業」。門前払いされるのが当たり前という状況のなか、なんとかお客様に認めていただこうと、紙の営業資料を広げながら懸命にプレゼンをしたものです。
　ボーダフォンで働くようになると、外資系ということもあり、他社に先駆けてPowerpointなどのプレゼン・ソフトを使った営業スタイルにチャレンジ。参考になる書籍もない時代でしたから、試行錯誤を繰り返すしかありませんでした。もちろん、失敗の連続。「あれもこれも」と内容を詰め込みすぎて、「要するに何が言いたいの？」と叱責されたこともありますし、やたらとアニメーションを使って失笑を買ったこともあります。先方の意思決定者に席を立たれてしまったことすらありました。

　そんな失敗を積み重ねることで、少しずつプレゼン・スキルが磨かれてい

ったのでしょう。ボーダフォンがソフトバンクに買収されるころには、それなりの自信をもってプレゼンができるようになっていました。営業活動のみならず、代理店向けの営業方針説明会などのプレゼン資料を担当させていただく機会も増加。一定の評価をいただくことができました。そして、そのプレゼン・スキルが、私に大きなチャンスをもたらしました。

社内でのプレゼンを勝ち抜き、ソフトバンクグループの後継者育成機関であるソフトバンクアカデミアの第1期生に選抜されたのです。ここでは、ソフトバンクの経営課題について、孫社長になったつもりで事業提案をすることが求められます。一社員にとっては荷が重いタスクでしたが、光栄なことに私のプレゼンが第1位を獲得。それを機に、グループ会社に役員として出向を命じられるなど数多くの事業を担当。キャリアが一気に拓けたのです。

また、孫社長が社外に向けて行うプレゼンの資料作成も任せていただきました。企業トップのプレゼンですから、重みが違います。孫社長から直々に厳しいご指摘をいただきながら、何度も何度も資料をつくり直したものです。

これが、非常に勉強になりました。ご存知のとおり、孫社長は情熱的な人物です。どうすれば、その情熱を聴衆の心に届けることができるか。それを、徹底的に考え抜く孫社長の姿勢から、実に多くのことを学ばせていただきました。そして、私なりのプレゼン術を確立することができたのです。

⊕ プレゼンに「上手な話し方」は不要

本書は、私が培ってきた社外プレゼン術のすべてを公開するものです。

社外プレゼンにはさまざまな種類がありますが、本書では、個別のお客様を対象とする「営業プレゼン」と、複数のお客様や取引先を対象とする「説明会プレゼン」を扱います。これらが、一般のビジネスパーソンにとって最も身近なプレゼンであり、社外プレゼンの基本でもあるからです。そのノウハウを習得すれば、それ以外のプレゼンにも必ず対応できるようになります。

本書でお伝えするノウハウは、とてもシンプルなものです。

いくつかのポイントをしっかりと把握しさえすれば、誰でも飛躍的にプレゼン・スキルを向上させることができます。そして、自信をもってプレゼンをすることができるようになります。

　そのために、まず解いていただきたい誤解があります。
　プレゼンというと、「話し方」が大事とよく言われます。私も、若いころはそう思っていました。人前に出るのが苦手で口下手な私は、そのことに強いコンプレックスを感じていたものです。
　しかし、今は違います。一般のビジネスパーソンは、なまじ上手に話せないほうがいいと思っています。たとえば、営業では何度も同じプレゼンを繰り返しますから、誰でも徐々に上手に話せるようになります。しかし、実はこれがマイナスに働きます。なぜなら、お客様が「営業トークをこなしているだけ？」と不信感をもつからです。だから、私は、プレゼンに慣れてくると、あえて故郷の方言を使ったりしたものです。「朴訥さ」は武器なのです。
　説明会もそうです。私は、多くの聴衆を前にプレゼンをしたときに、「話が上手ですね」と言われると不安になります。なぜなら、「話し方」に意識が向かっているということは、プレゼン内容が心に残っていない証拠だからです。実際、「話が上手ですね」という感想が多いときは、提案内容に対するリアクションが少ないと実感しています。「話し方」より大事なものがあるのです。
　私たちは、スティーブ・ジョブズでもなければ、孫正義氏でもありません。普通のビジネスパーソンです。生半可に彼らのマネをしたところで、相手を白けさせるだけ。かえって、大事なことが伝わらなくなるのです。大事なのは、相手に対する敬意と誠意、そしてプレゼン内容に対する「念い」です。それさえあれば、口下手でも大丈夫。ちゃんと、相手の心に伝わるのです。

🔘 「感情」に訴えるプレゼン資料をつくる

　では、プレゼンの成否を決めるのは何か？
　プレゼン資料です。資料は、プレゼン本番のシナリオのようなもの。ポイントを押さえた資料をつくることができれば、本番ではシナリオに沿って話

すだけでOK。どんなに口下手でも、万全の資料を用意できれば自信をもって話すことができます。そして、優れた資料であれば、必ず結果は出ます。営業プレゼンであれば、「3分」で相手から確実にポジティブな反応を獲得することができるのです。

社外プレゼン資料のポイントは2つ。「シンプル＆ロジカル」であること。そして、相手の「感情」に訴えること。この2つです。

まず第1に、「シンプル＆ロジカル」でなければなりません。プレゼンにおいて最悪の失敗は「理解しづらい」ことです。ダラダラと要領を得ないプレゼンは誰にも聞いてもらえませんし、「あれもこれも説明しよう」と内容を盛り込みすぎると、聞き手は情報を整理しきれません。ですから、些末な要素はどんどんカットして、本当に重要な情報だけで骨太なロジックを組み立てる必要があります。

あるいは、文字ばかりだったり、グラフが複雑だったり、理解するのに10秒以上かかるスライドもNG。一枚一枚のスライドも、パッと見た瞬間（できれば2.5秒）にピンと来るシンプルなものでなければなりません。

これは、プレゼン資料の基本中の基本です。そして、社内プレゼンの場合は、この条件さえ満たせば合格。プレゼンする相手は社内の決裁者ですから、「利益に貢献するか？」「実現可能か？」「企業理念に合っているか？」という3つのポイントをシンプルかつロジカルに説明できれば納得してくれます。

しかし、社外プレゼンはこれだけでは足りません。なぜなら、プレゼンの相手は、利害を共有する「身内」である社内の決裁者とは異なるからです。相手には、こちらのプレゼンを聞く「義務」はありません。興味をもってもらえなければ、聞いてもいただけない。だから、「そうそう、そうなんだよ！」「なるほど！」などと「感情」を刺激する表現をしなければなりません。ロジックだけでは、社外の人を納得させることはできないのです。

4つのステップで「感情」にアプローチする

「感情に訴える」のは、単に「シンプル＆ロジカル」な資料をつくるよりも

難易度は高いと言えます。しかし、これにも「型」があります。それをマスターすれば、誰にでも「心」を動かす資料を作成することができるようになります。

　大事なのは、相手の「感情の動き」を意識しながらプレゼン全体のストーリーを組み立てることです。ストーリーというと難しく聞こえるかもしれませんが、そんなことはありません。社外プレゼンのストーリーは、１つだけ覚えれば大丈夫。「①共感（「そうそう、それで悩んでるんだ」と共感してもらう）」→「②信頼（「この人の話は聞く価値がありそうだ」と信頼してもらう）」→「③納得（「この人の言うとおりにすれば、たしかに問題は解決しそうだ」と納得してもらう）」→「④決断（「よし、やってみよう」「詳細の商談に入ろう」などと決断してもらう）」。相手が、この４つの「感情」をたどることをイメージしながら、必要な要素を順番に並べていけばいいのです。それだけで、必ず、相手の心に響くプレゼンになります。

　もちろん、一枚一枚のスライドも、相手の「感情」に訴えかけるように工夫しなければなりません。これにも、「型」があります。極限まで文字量を削った力強いメッセージを大きく打ち出す。インパクトのある数字を極大フォントで表示することでパワースライドにする。相手の心にピンと来る写真などのビジュアルを全画面表示する……。こうした「型」を身につければ、プレゼン終了後も脳裏に残像が残るような、インパクトのあるスライドをつくることができます。

仕事が「成功」に向けて動き出す瞬間

　本書では、これらの実践的ノウハウのすべてを紹介しました。

　本書を参考にしながら、何度かプレゼン資料をつくれば、必ず「型」を身につけることができます。慣れてくれば、ごく短時間で優れた資料をつくることができるようになるはずです。これまで、私が主催してきたプレゼン・スクールで多くの生徒さんを指導してきましたが、皆さん、短期間で見違えるほど上達していきました。

最も大切なのは、心をこめて相手の気持ちに寄り添うことです。

「相手はどんな人なのか？」

「相手は何に悩んでいるのか？」

「相手はどんな言葉をかけてほしいのか？」

「相手はどんな未来を望んでいるのか？」

　これらを徹底的に考え抜くことが、社外プレゼン資料を磨き上げる最大のポイントなのです。

　そして、あなたのプレゼンが相手の心に響いたとき、それははっきりとわかります。相手の表情が変わります。声音も熱を帯びてきます。お客様からそんなポジティブな反応をいただいた瞬間ほど、ビジネスパーソンにとって嬉しいことはありません。そして、そんなリスポンスが返ってきたとき、はじめて仕事は「成功」に向けて動き始めるのです。

　本書が、そんな素晴らしい体験を繰り返して、皆さんが力強くキャリアを切り拓く一助となれば、それに勝る喜びはありません。

　2016年2月　　　　　　　　　　　　　　　　　　　　　　　前田鎌利

社外プレゼンの資料作成術
Contents

はじめに ● 「心」を動かすプレゼン資料をつくろう！ …… 2

第1章　社外プレゼンは「感情」にアプローチする

Lesson 1　「社内」と「社外」でプレゼンは根本的に異なる …… 20

- ● 社外プレゼンは「ロジック」だけでは足りない
- ● 「心」が動かなければ、プレゼンを聞いてもらえない

Lesson 2　社外プレゼン資料は、「4つのパーツ」で構成される …… 24

- ● イントロダクションで「心」をつかむ
- ● ボディで「メリット」を連打する
- ● 営業プレゼンは「3～5分」で終わらせる

Lesson 3　ビジネス・プレゼンの「論理パターン」は1つだけ　……29

- 「課題→原因→解決策→効果」でロジックを組む
- 「ロジック」のうえに「感情」を乗せる

Lesson 4　「感情」を動かすたった1つのストーリー　……32

- 「共感→信頼→納得→決断」というストーリー
- 「そうそう、それが問題なんだ」と共感を得る
- 「機能→メリット→未来像」を連打して納得を得る

Lesson 5　補足的な要素はアペンディックスへ　……42

- 「あれもこれも説明しよう」としない
- 社外プレゼンはスライド1枚につき「平均約6秒」
- 「聞き手」の目線で情報を取捨選択する
- 「根拠」を示すスライドはアペンディックスへ

Lesson 6　ターゲットに合わせてプレゼン資料を変える　……46

- 「相手」が変われば「課題」が変わる
- 相手が求めている「機能」「メリット」「未来像」をつかむ
- 説明会では「最大公約数」にフォーカスする

Contents

まず、プレゼンの「念い」を固める ……51

- いきなり「プレゼン・ソフト」を立ち上げない
- 手書きで「課題」と「メリット」をすり合わせる
- 「念い」の弱いプレゼンは結果を出せない

第2章	「直感」に訴える スライドのコツ

 **営業プレゼンは「4：3」、
説明会プレゼンは「16：9」** ……58

- 「スライド・サイズ」は場面に合わせて変える
- スライドに余計な要素は入れない

 表紙には必ず「画像」を入れる ……61

- 画像で「感情」にアプローチして、口頭で「説明」する
- タイトルは「文章」にしない
- 「営業先企業名」と「日付」は必ず入れる
- 社外プレゼンに「ページ番号」は不要

Lesson 10 キーメッセージは、13文字以内の「強い言葉」 ……67

- 言葉で「説明しよう」としてはいけない
- 最重要ポイント以外はすべてカットする
- 聞き手の感情を「言葉」にする

Lesson 11 「シグナル効果」でスライドの表現力を高める ……70

- 「ワンカラー効果」でインパクトを生む
- 1枚のスライドで3色まで
- ポジティブ情報は「青」、ネガティブ情報は「赤」

Lesson 12 「ゴシック」を基本に、「明朝」を効果的に使う ……74

- キーメッセージは「ゴシック」が基本
- ネガティブ情報は「明朝＋赤字」でインパクトを生む

Lesson 13 キーメッセージのフォントは、「100〜300」を使う ……77

- 「300」でメッセージを強調する
- キーメッセージは「やや上」に置く
- キーメッセージの位置でアクセントをつける

Contents

| 第3章 | 「2.5秒」でわかる
グラフのつくり方 |

グラフは「左」、メッセージは「右」
…… 82

- グラフとメッセージを「縦」に並べない
- ビジュアルは「右脳」へ、テキストは「左脳」へ届ける

「2.5秒」でわかるグラフのつくり方
…… 85

- 「ワンスライド＝ワングラフ」の鉄則
- 意味が通るギリギリまでカットする
- 「数字」を強調してパワースライドにする

「見せたい部分」を極大化する
…… 89

- 円グラフは「ワンカラー効果」で印象づける
- 「見せたい数字」は円グラフの外に出す
- 「見せたい折れ線」を極太にする

ポジショニング・グラフで「優位性」をアピールする

…… 93

- 類似商品に対する「優位性」を視覚に訴える
- 「4つの比較基準」でポジショニングを考える
- 相手のニーズに合わせて「優位性」を選ぶ
- 自社のポジションは「グラフ右上」に配置する

第4章 ビジュアルで「最強スライド」をつくる

使用するビジュアルは、聞き手の「目線」で選ぶ

…… 98

- 写真は「全画面」が基本
- 「相手」が違えば、効果的な「写真」も違う
- 必ず「1000px×1000px」以上の画質を使う

ポジティブ・スライドは「カラー」、ネガティブ・スライドは「モノクロ」

…… 102

- 「モノクロ写真→カラー写真」で全体を構成する
- 「セピア色」で深い感情を表現する

「編集技術」でビジュアルを最大限に活かす　……106

- ◉「トリミング機能」でキーメッセージを見せる
- ◉「背景の削除」でメッセージ性を強める

「透過機能」で写真にキーメッセージを乗せる　……110

- ◉「写真」も「キーメッセージ」も見せる技術
- ◉「帯透過」でパワースライドをつくる

「多画像効果」で、多くの人の共感を得る　……113

- ◉「多画像スライド」はエンディングに最適
- ◉「多画像」で幅広い人に訴える

第5章 100%結果を出す プレゼン資料の「秘密」

Lesson 23 「1枚目」のスライドで 心をつかむ方法 ······ 118

- 「30秒以内」に共感を生み出す
- 「数字×質問」が最強のイントロ
- 「感情」から逆算して「数字」「質問」を決める

Lesson 24 3つのパターンで 「信頼」を得る ······ 124

- 「実績」「客観的根拠」「誠意」
- 「科学的根拠」を示すのが王道

Lesson 25 「利用者の動画」は、 最強のコンテンツ ······ 127

- 「利用者の声」で信頼を得る
- 「動画」でプレゼンにアクセントをつける
- 「20～30秒の動画」を1か所だけ入れる

Contents

Lesson 26 マジックナンバー「3」を使いこなす 130

- 「3」には不思議な力がある
- 伝える内容は「3つ」に絞る
- 「3つのポイント」は連打して記憶に刻む

Lesson 27 アニメーションを多用して「感情」を刺激する 135

- アニメーションは要所で効果的に使う
- アニメーションで「目線」を確実に誘導する
- 「フェード」で映画的な効果を生む
- 「ワイプ」「アンビル」でアクセントをつける
- 「変形」「マジックムーブ」で理解を助ける

Lesson 28 「7ヒッツ」で記憶に刻み込む 143

- 記憶に残す「キラーフレーズ」を決める
- 「資料＋口頭」で最低7回繰り返す

Lesson 29 「比喩法」で数字に実感をもたせる 146

- 見せ方で「数字」のインパクトは変わる
- 比喩法で「強い数字」をつくる
- 数字の「単位」を変えてみる

Lesson 30 「公式法」で説得力を増す …… 150

- 一瞬でロジックを伝える「公式法」
- 「公式法」で「÷」は使わない

Lesson 31 特典スライドで「決断」を後押しする …… 155

- 「未来像スライド」の後に挿入する
- 「広告」「CM」などの情報でプッシュする

あとがき ● プレゼンは人生を豊かにするツール！ …… 158

●カバーデザイン／奥定泰之
●本文デザイン・DTP／斎藤 充（クロロス）
●編集協力／大畠利恵
●校正／永生祐子
●編集担当／田中 泰

社外プレゼンは
「感情」にアプローチする

「社内」と「社外」で
プレゼンは根本的に異なる

 社外プレゼンは「ロジック」だけでは足りない

　社内プレゼンと社外プレゼンは、ビジネスの両輪です。

　社内プレゼンで承認を勝ち取らなければ、どんなに優れたアイデアも実現させることはできません。そして、どんなに魅力的な商品やサービスを生み出すことができたとしても、社外プレゼンでその魅力を伝えられなければ、多くのお客様にご利用いただくことはできません。

　また、お客様や取引先とのコミュニケーションを通して、商品・サービスや事業内容などを改革・改善すべきことに気づいたときには、社内プレゼンでそれを適切にフィードバックしていく必要があります。この循環がうまくいくかどうか。それが企業の盛衰に大きく影響します。そして、社内プレゼンと社外プレゼンの両輪を上手に回していくことが、ビジネスパーソンには求められているのです。

　しかし、この両者は根本的に異なります。その違いをしっかりと認識して、それぞれに適したプレゼンを行う必要があります。それが、ビジネス・プレゼンを上達させる第一歩です。

　では、何が違うのか？

　プレゼンの対象です。社内プレゼンは、利害を共有する身内が対象。決裁者は「聞く姿勢」をもっていますし、企業理念や問題意識も共有しています。「事業を成功させたい」「問題を解決したい」という願望も同じはずです。

　一方、社外プレゼンの対象は身内ではありませんから、問題意識も願望もまったく異なります。そもそも、彼らにプレゼンを聞く義務はありません。にもかかわらず、わざわざ時間を割いてくださっているわけです。だから、「自分とは関係がない」「興味がない」「ピンと来ない」と思われたら、その時点

でアウト。話も聞いていただけません。たとえ最後まで聞いてくださったとしても、何らかのリアクションを期待するのは難しいでしょう。

　つまり、プレゼンの対象が身内であるか否かによって、プレゼンを行う前提条件が異なってくるということ。その結果、プレゼン資料の構成もスライドのつくり方もまったく違ってくるのです。

「心」が動かなければ、プレゼンを聞いてもらえない

　たとえば、人事制度改革をテーマに考えてみましょう。
　社内の中堅社員のモチベーションが下がっているため、年功的な人事制度を改革するためのプレゼンをするとします。この場合、プレゼンの冒頭で「中堅社員のモチベーション低下」という課題を端的に示す【図1-1】のようなスライドが必要となるでしょう。社員アンケート結果というデータを示せば、決裁者はすぐに「危機感」を共有してくれるはずです。

図 1-1　社内プレゼンは根拠を示せば納得してくれる

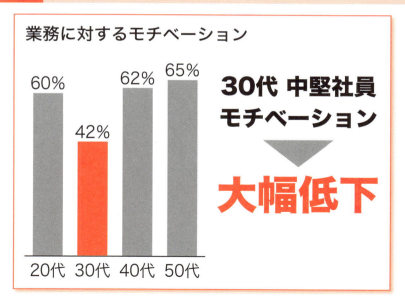

しかし、コンサルタントとして人事制度改革を他社に提案するのであれば、話は変わってきます。ファーストアプローチの場合には、そもそも営業先の会社の社員アンケートなどありませんから、【図1-1】のようなスライドをつくることはできません。それに、人事制度改革の必要性を認識していない相手であることも多いでしょう。そのような相手に話を聞いてもらうためには、【図1-2】のようなスライドを用意する必要があります。

このスライドの狙いは、中堅社員のモチベーション低下が深刻であることを、印象的な写真やインパクトのある言葉で訴えることによって、「ウチの会社は大丈夫か？」「もしかしたら、ウチも……」などといった「危機感」や「不安」を刺激することにあります。これに成功すれば、きっと相手はその先の話を聞いてみようと思ってくれるはずです。

逆に、【図1-2】のようなスライドは社内プレゼンでは不要です。いや、邪魔ですらあります。決裁者は忙しく、限られた会議時間のなかで次々と決裁をしていかなければなりません。だから、「余計なスライドはいらないから、

図1-2　社外プレゼンは感情に訴える

図 1-3　ビジネス・プレゼンテーションの分類と特徴

	社内プレゼン	営業プレゼン
対象者	問題意識・願望を共有する身内	問題意識・願望を共有しない人々
ゴール	決裁	契約・期待・次のアクション
条件	シンプル＋ロジカル	シンプル＋ロジカル＋**感情**
全体構成	課題→原因→解決策→効果	①課題→原因→解決策→効果 **②共感→信頼→納得→決断**
所要時間	3〜5分	3〜5分
資料枚数	5〜9枚	30〜50枚（1枚につき平均6秒）
テキスト	少なく	きわめて少なく
ビジュアル	少なく	多く
エフェクト・アニメーション	少なく	多く

さっさと本題に入ってくれ」と思われるだけ。社内プレゼンの相手は、問題意識や願望を共有している決裁者です。わざわざ「危機感」を刺激するビジュアル・スライドを用意する必要はないのです。

　このように、同じ人事制度改革というテーマであっても、社内プレゼンと社外プレゼンでは、まったく違うアプローチをする必要があります。もちろん、これはほんの一例。一枚一枚のスライドのつくり方から、プレゼン全体の構成の仕方まですべてが違うのです。

　それを整理したのが【図1-3】です。これから詳しく説明していきますので、ここではまず、社外プレゼンでは聞き手の「感情」にアプローチするために、社内プレゼンとはかなり違った資料づくりが求められることを、ざっくりとつかんでいただければ大丈夫です。

社外プレゼン資料は、「4つのパーツ」で構成される

イントロダクションで「心」をつかむ

　ここでは、社外プレゼン資料の全体像を解説します。
　【図2-1】をご覧ください。社外プレゼン資料は、「イントロダクション」「ボディ」「エンディング」「アペンディックス（別添資料）」の4つのパーツからなります。このパターンが、すべての社外プレゼンの基本となります。これから、それぞれの役割をざっくりとお伝えしますので、まずは、資料全体のイメージをつかんでいただきたいと思います。

　まず、イントロダクション。このパーツは、「表紙」と「つかみスライド」で構成されます。プレゼンの導入部分に当たる非常に重要なパーツです。
　もちろん、1枚目は表紙です。これは、必ずつけるようにしてください。スライド中央部にプレゼンのタイトルを大きく表示することで、相手に「何をテーマにしたプレゼンか？」を一瞬で伝える役割があります。「何について話すのか？」が明確でないままプレゼンが始まれば、相手は「何の話だろう」といきなり戸惑ってしまいます。そして、プレゼンの趣旨を把握することに労力を費やしてしまうため、それ以降の内容が頭に入ってこなくなってしまうのです。ですから、端的にプレゼンのテーマを示す、短いタイトル（13文字以内）をつけるように心がけてください。

　次に「つかみスライド」。文字どおり、聞き手の興味・関心をつかむ役割をもっています。扱うテーマは、聞き手が意識的・無意識的に解決・解消したいと思っている課題です。その課題をスライド化して、「そうそう、それが悩みなんだ……」「これは、自分にとって必要なプレゼンだ……」と直感してもらうという重要な役割を担っています（その手法については、Lesson 23で詳

図 2-1　社外プレゼン資料の全体像

1. イントロダクション
（課題＝共感）

①表紙
②つかみスライド

2. ボディ
（本体＝納得・決断）

①課題の解決策の提示
②解決策の効果・
　メリットの提示

3. エンディング
（念い・理念）

4. アペンディックス
（別添資料）

しくご紹介します）。

　ここで相手の気持ちをつかめなければ、その先のプレゼンを聞いていただくことはできません。特に、説明会は１対多のプレゼンですから、イントロで心をつかめなければ、アッという間に場の空気は弛緩します。スマホを見始める人もいますし、なかには眠り始める人もいるでしょう。その時点で、プレゼンは失敗が確定します。逆に、魅力的な「つかみスライド」をつくれば、一気に相手をプレゼンに引き込むことができます。いわば、社外プレゼンの最初の勝負どころと言えるのです。

ボディで「メリット」を連打する

　イントロで心をつかんでから、ボディに移ります。

　このパーツがプレゼンの本体（ボディ）。最も多くのスライドを使う、最重要パーツです。ここでは、聞き手の課題に対する解決策を提示したうえで、その解決策を実行することによって得られる具体的な効果・メリットを連打していきます。そして、相手に「なるほど、たしかにこの方法で課題を解決できそうだ」「この人の言うとおりにしたら、理想を実現できそうだ」と納得してもらったうえで、「もっと詳しく知りたい」「詳細の商談に移ろう」などとネクスト・アクションに踏み出す決断をしてもらうわけです。

　ここで、聞き手の「納得」「決断」を勝ち取るためには、自社がアピールしたい商品・サービスの特徴を訴えることに終始するのではなく、その商品・サービスによって聞き手の課題がどのように解決されるのか、そして、いかに望ましい未来をつくり出すことができるのかを、可能な限り具体的に提示することが重要。どこまでも、相手の目線でスライドを構成していくことを心がけてください。

　ボディが終わったら、エンディングに入ります。

　ここでは、提案する商品・サービスに込めた「念い」や、自社の「企業理念」を伝えます。企業トップが社外に向けて行うプレゼンでは、強く深い余韻を残すために、エンディングに相当のスライド数を費やすケースもありま

すが、一般のビジネスパーソンが行う営業プレゼンや説明会プレゼンでは、1枚のスライドで十分です。

　ただし、1枚のスライドであっても、このエンディングをないがしろにしてはなりません。このスライドが表現する「念い」や「理念」が、イントロやボディの内容と整合性が取れていることによって、プレゼンの内容が相手の心のなかにしっくりと収まるからです。逆に、相手の心に響かないエンディングであれば、説得力に欠ける上滑りなプレゼンになってしまうでしょう。むしろ、Lesson 7で詳しく説明するように、エンディングで提示する「念い」「理念」こそが、プレゼンを根底で支える重要な要素なのです。

✺ 営業プレゼンは「3〜5分」で終わらせる

　ここまでが、プレゼンの本編に当たります。

　通常、このあと、お客様や参加者と双方向のコミュニケーションを取りながら、より詳しい話をしていくことになります。この時間を確保するために、事前に時間配分をしっかり考えておく必要があります。

　営業プレゼンであれば、おそらく、商談のために30分から1時間を取ってもらっているはずですが、本編は3〜5分で終わらせるようにしてください（図2-2）。一方的に話をされるのを好む人はいません。ですから、できるだけ手短に商品・サービスの魅力を伝えて、すぐに質疑応答、さらに詳細の商談に入るほうがお客様の心理的な負担が少ないからです。

　説明会の場合は、あらかじめ時間が設定されますが、その時間のすべてを本編のプレゼンに充てるのは得策ではありません。参加者の質問・疑問に応えることで、さらに理解を深めていただくことができます。そのためには、コミュニケーションの時間を少しでも多く取ったほうがいいでしょう。

　そして、質疑応答の場面で使用するスライドが、アペンディックス（別添資料）です。これは、本編には盛り込むことができなかったデータや、本編の補足説明に必要なデータなどをストックした、いわば資料集。本編で示したメリット等の根拠を示したり、聞き手の質問・疑問に応えるものですから、抜け漏れなく万全のアペンディックスを用意する必要があります。ここで、聞

図2-2	営業プレゼンの時間配分

30分～1時間のアポイント

ステップ	時間配分	使用スライド
挨拶・雑談	3～5分	
プレゼン	3～5分	本編スライド（イントロ・ボディ・エンディング）
商談・質疑応答	残りの時間	アペンディックス

3～5分のプレゼンで、お客様の「心」をつかむ！

き手の疑問に的確に応えられなければ、詳細の商談に入ることが難しくなるでしょう（なお、商談では商品パンフレットで説明するのが一般的です）。もちろん、本編プレゼンでお客様や参加者の心をつかむことができなければ、アペンディックスで形勢を逆転することはほぼ不可能ではありますが、商談に入るためには非常に重要なパーツであると言えます。

　このように、社外プレゼンは「イントロ」「ボディ」「エンディング」「アペンディックス」の4つのパーツから構成されます。「イントロ」で心をつかみ、「ボディ」と「エンディング」で「なるほど、これはいい！」という心証をもってもらう。そして、「アペンディックス」で疑問を解消する。そんな流れをイメージしていただければOKです。

Lesson 3 ビジネス・プレゼンの「論理パターン」は1つだけ

「課題→原因→解決策→効果」でロジックを組む

　ビジネス・プレゼンは、「ロジカル（論理的）」でなければなりません。
　これは、「社内プレゼン」「社外プレゼン」双方に共通する基本的な条件。ビジネス合理性のないものは誰からも許容されませんから、当たり前のことです。ただ、「ロジカル（論理的）」といっても、難しく考える必要はありません。なぜなら、ビジネス・プレゼンで求められる論理展開のパターンはたった1つだからです。それを図示したのが【図3-1】です。
　「①課題」「②原因」「③解決策」「④効果」の4つが、この順番に並んでいる

図 3-1　ビジネス・プレゼンの論理展開

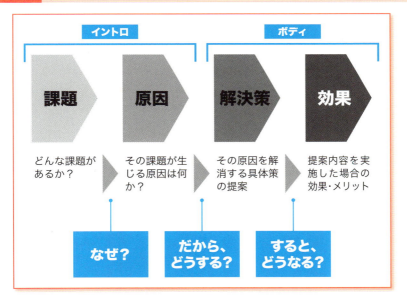

第1章　社外プレゼンは「感情」にアプローチする　29

こと。そして、それぞれが「なぜ?」「だから、どうする?」「すると、どうなる?」という言葉で繋がっていること。それだけでロジカルな構成になります。ビジネス・プレゼンは、この論理展開さえ覚えておけばOKなのです。

◉ 「ロジック」のうえに「感情」を乗せる

具体的に考えてみましょう。

たとえば、ある会社がタブレットで商品カタログを提示できるシステム「デジカタ」という商品を開発したとします。そのシステムを、紙カタログによる営業活動を展開しているA社に販売するためには、どのような論理を構築する必要があるでしょうか?

まず、A社の課題を明確にします。「紙カタログの制作経費負担」「営業先で必要なカタログを持っていないことで即時商談ができない機会損失」「紙カタログの差し替え業務負担」などが挙げられるでしょう。

では、なぜそのような課題が生まれるのか? その原因は明らかです。紙カタログを使用しているからです。だから、タブレット上で商品カタログを提示できる「デジカタ」を提案するわけです。これが、解決策です。

すると、どうなるでしょうか? 印刷製本代が不要になりますからコストカットになりますし、「カタログを持参し忘れた」「途中で手持ちのカタログのストックが切れた」といった機会損失もゼロ。しかも、カタログデータは本部で一括更新できますから、個々の担当者は面倒な差し替え業務から解放されます。これが、「デジカタ」を導入する効果。この効果が具体的かつ魅力的であれば、A社は必ず興味を示すはずです。

このように「①課題」「②原因」「③解決策」「④効果」の4つの要素をきちんと組み立てることが、ビジネス・プレゼンの基本です(図3-2)。ビジネスとは、誰かの課題を解決することによって、その対価をいただくものですから、非常にシンプルな論理展開ですが、これ一本でほぼすべてのプレゼンに対応することができるのです。

図 3-2　具体的な論理展開のイメージ

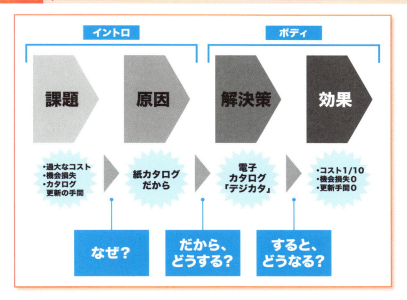

　社外プレゼン資料をつくるためには、この基本をしっかりと押さえることが不可欠です。しっかりとしたロジックがないまま、聞き手の感情に訴えようとしても、地に足のつかないプレゼンにしかなりません。だから、まず第1にプレゼンのロジックを構築する。そのうえで、聞き手の感情に訴える工夫をする。それが、正しい手順なのです。

「感情」を動かす たった1つのストーリー

 「共感→信頼→納得→決断」というストーリー

　Lesson 3では、ビジネス・プレゼンの基本的なロジックを説明しました。「①課題」「②原因」「③解決策」「④効果」の4つが、この順番に並んでいること。そして、それぞれが「なぜ？」「だから、どうする？」「すると、どうなる？」という言葉で繋がっていること。このロジックを組み立てられれば、ほぼすべてのビジネス・プレゼンに対応することが可能です。

　しかし、社外プレゼンはロジックだけでは足りません。
【図4-1】をご覧ください。
　これは、Lesson 3で取り上げた「デジカタ」の営業プレゼン資料。ロジックの流れに沿って、テキストベースのスライドで構成したものです。これで、相手の興味を惹きつけることができるでしょうか？
　100％ムリです。ピンと来ない先方担当者の顔が思い浮かぶようです。いくらロジックがしっかりしていても、それだけでは社外の人々からポジティブな反応を勝ち取ることはできないのです。
　そこで、必要なのが「感情」です。
　しっかりとしたロジックをベースにしながら、聞き手の「感情」に訴える構成を考える必要があるのです。「感情に訴える」といっても、どうしたらいいのかイメージがわかないかもしれません。しかし、これにも「型」があります。それを、身につければ、誰でも「感情」を動かす資料をつくることができるようになります。

　その「型」を図示したのが【図4-2】です。
　ここにあるように、「①共感」「②信頼」「③納得」「④決断」という4つの

図 4-1 ▶ テキストベースのプレゼン資料はNG

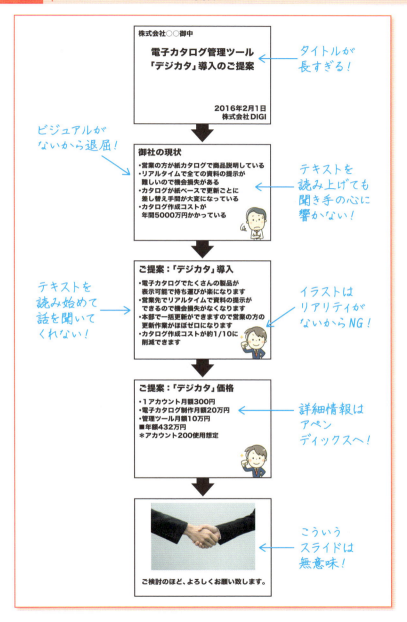

第1章 社外プレゼンは「感情」にアプローチする 33

図 4-2　社外プレゼンのストーリー

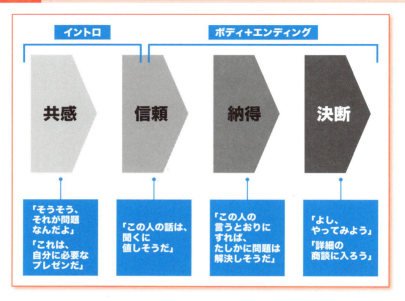

ステップを、聞き手にたどってもらえるように構成していけばいいのです。

　まず、「そうそう、それで悩んでるんだ」「これは、自分の問題だ」と共感してもらわなければなりません。そして、「この人の話は聞く価値がありそうだ」と信頼してもらう情報を提示したうえで、「この人の言うとおりにすれば、たしかに問題は解決しそうだ」と納得してもらう情報を連打します。さらに、「よし、やってみよう」「詳細の商談に入ろう」と決断してもらうように背中を押すわけです。この4つのステップで聞き手の感情を導くことを意識しながら、スライドを構成してけばいいのです。

　抽象的な説明ではピンと来ないと思いますので、早速、実例をご覧いただきたいと思います。【図4-1】のロジックを下敷きにしながら、聞き手の感情を意識しながら再構成したのが【図4-3】のプレゼン資料です。

図 4-3　感情を動かすプレゼン資料

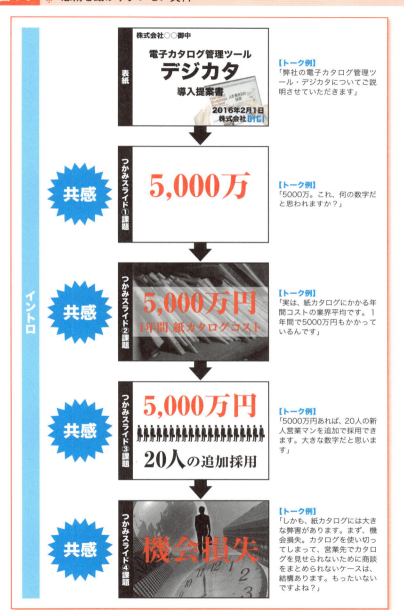

第1章　社外プレゼンは「感情」にアプローチする

図 4-3　感情を動かすプレゼン資料

イントロ

共感

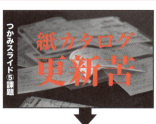

【トーク例】
「それから、個々の担当者がそれぞれカタログを差し替えるのも面倒です。時間と労力のムダはかなり大きいのではないでしょうか？」

共感

【トーク例】
「では、なぜ、こんなムダが生じるのか？理由はひとつ。紙のカタログを使っているからです」

ボディ

【トーク例】
「そこで、ご提案したいのが電子カタログ管理ツールのデジカタ。これは、営業マンがタブレットでカタログを表示するシステムです」

 信頼

【トーク例】
「電子カタログは数社が開発していますが、弊社がシェアトップ。自信をもっておすすめできるサービスです」

 納得

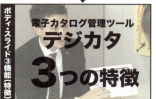

【トーク例】
「デジカタの特徴は3つ」

図 4-3　感情を動かすプレゼン資料

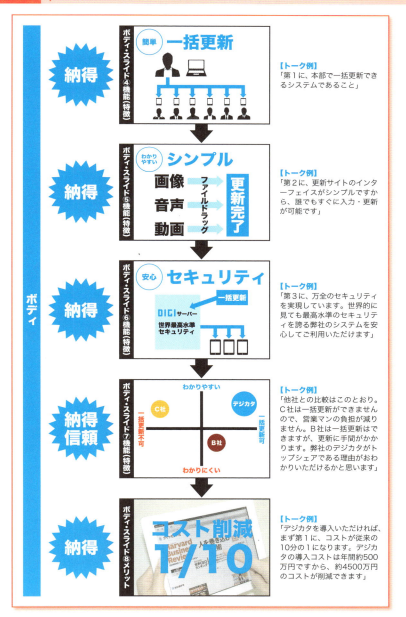

第1章　社外プレゼンは「感情」にアプローチする

図 4-3　感情を動かすプレゼン資料

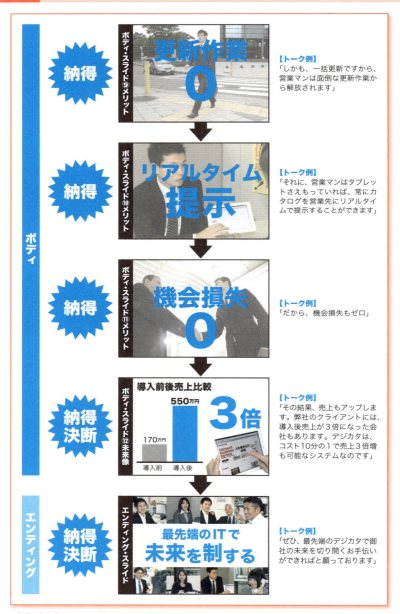

＊紙面の都合上、ここでは20枚のスライドで構成しました。本来は、Lesson 25でご紹介する「利用者の声」のスライド、Lesson 26でご紹介する「3つのポイント」のスライド、Lesson 30でご紹介する「公式法」のスライド、Lesson31でご紹介する「特典スライド」などを追加すると、より効果的なプレゼン資料になります。

いかがでしょうか？

ロジックは【図4-1】と同じですが、まったく異なる印象をもたれたのではないでしょうか？　以下に構成上のポイントをまとめますので、【図4-3】を参照しながらお読みください。

◉「そうそう、それが問題なんだ」と共感を得る

まず、イントロを工夫しています。

【図4-1】のように、お客様の課題を羅列しても、興味をもっていただけません。そこで、「5000万」という数字だけを示すスライドを見せながら、「何の数字だと思いますか？」と質問を投げかけます（つかみスライド①）。

質問を投げかけられると、誰もが考え始めます。この「ちょっと考えてもらう」のが、プレゼンに引き込む1つの手法。しかも、数字は一瞬で把握できるうえにインパクトがあります。「数字×質問」は、イントロの「つかみ」としてきわめて有効なのです（Lesson 23参照）。

こうして興味を惹きつけたうえで、「紙カタログのコスト」「機会損失」「更新苦」というお客様の課題を提示（つかみスライド②〜⑤）。「そうそう、それが問題なんだよ」と共感してもらえるように、「ビジュアル＋インパクトのある言葉」の組み合わせで構成します。詳しい話は口頭でしながら、スライドはビジュアル重視で直感に訴えるようにするのがコツです。

なお、ここでは、モノクロ写真に赤字の明朝体でメッセージを打ち出していますが、これは、「危機感」や「不安」などネガティブな感情を刺激するスライドの「型」の1つ。こうした「型」を身につけるだけで、スライドの表現力は格段に向上します（詳しくはLesson 12、19参照）。

そして、お客様の共感を得たうえで、「紙カタログ」が「課題を生み出す原因」であることを提示（つかみスライド⑥）。ここで、「たしかに、紙カタログには問題が多い」と感じてもらえれば、積極的にこの先の話を聞いてくれるはずです。ここまでがイントロに当たります。お客様に身を乗り出していただける構成になっているかどうか、何度もチェックすべき重要なパーツです。

第1章　社外プレゼンは「感情」にアプローチする　39

「機能→メリット→未来像」を連打して納得を得る

次のスライドから「ボディ」に入ります。

まず、解決策として「デジカタ」を提示（ボディ・スライド①）。そして、その詳細説明に入る前に、「デジカタ」がシェアトップ商品であることを示すスライドを挿入しました（ボディ・スライド②）。なぜなら、胡散臭いと思われていては、これ以降の話をまともに受け取っていただけないからです。何らかの方法でお客様に「この人の話は信頼できる」と思ってもらわなければなりません（信頼を獲得するノウハウはLesson 24参照）。

そして、信頼を得たうえで「デジカタ」導入の効果を提示（ボディ・スライド③〜⑫）。ここでの最大のポイントは、「商品・サービスの機能（特徴）」→「メリット（効用）」→「未来像」の順番に話を進めること（図4-4参照）。これが、お客様を納得から決断へと導くのに最適な話の流れだからです。

まず、ボディ・スライド③〜⑦で「デジカタ」の機能（特徴）を伝えます。

図 4-4　「納得→決断」に導く3つのステップ

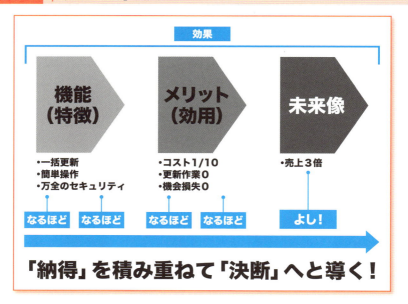

ここで覚えておいていただきたいのは、ライバルに対する優位性を明示すること。お客様は、同種のサービスとの比較を気にしていますから、ボディ・スライド⑦のようなポジショニング・グラフを示します（Lesson 17参照）。

そして、その機能（特徴）によってお客様に提供できる具体的なメリットを提示します（ボディ・スライド⑧〜⑪）。重要なのは、ここで掲げるメリットがイントロで示した課題に対応していること。ご覧のように、「紙カタログ年間5000万円のコスト」が「10分の1」に減り、「機会損失」と「更新苦」が「ゼロ」になっています。このように、「課題」と「メリット」が確実に対応していることで、プレゼンの説得力が生まれるわけです。

ただ、これだけでは「押し」が足りません。そこで、お客様が望んでいる「未来像」を提示します。魅力的な未来を提示することで、決断に踏み出すように背中を押すのです。ここでは、「デジカタ」を導入することによって「売上3倍」にしたクライアントの実例を紹介しています（ボディ・スライド⑫）。

このように、ボディは「機能（特徴）」→「メリット（効用）」→「未来像」の順番で構成します。

そして、最後がエンディング・スライドになります。ここでは、「デジカタ」に込めた「念い」をスライド化しました。真ん中に「念い」を打ち出すとともに、ポジティブな印象が伝わるカラー写真を多数並べました。これはイントロのモノクロ写真との対比を意識したもの。ビジネスはお客様の課題を解決することですから、ビジネス・プレゼンは必ず「ネガティブ→ポジティブ」というストーリー展開になります。だから、エンディングはハッピー・エンドにするのが定石。このように、プレゼン資料全体のビジュアルにメリハリをつけることも、お客様の感情を動かすテクニックなのです。

こうして、社外プレゼンでは、「①課題」「②原因」「③解決策」「④効果」というロジックをベースに、聞き手が「①共感」「②信頼」「③納得」「④決断」という感情をたどることができるように工夫を凝らします。「ロジック」と「感情」の2つのレイヤーが、がっちりとかみ合うように一枚一枚のスライドを組み上げることができれば、必ず、聞き手からポジティブな反応が返ってくるプレゼン資料になるのです。

第1章　社外プレゼンは「感情」にアプローチする　41

補足的な要素はアペンディックスへ

●「あれもこれも説明しよう」としない

シンプルなプレゼン資料をつくる――。

これが、プレゼンを成功させる鉄則です。「あれもこれも説明しよう」と情報を盛りだくさんにすると、どうしても複雑なプレゼンになってしまいます。その結果、聞き手は内容を消化することができず、「よくわからないプレゼン」になってしまうのです。

では、どうすればよいか？　情報を取捨選択するしかありません。本編資料には重要な要素だけを盛り込んで、それ以外の補足的な要素はすべてアペンディックスにもっていくのです。もちろん、本編では最重要な情報しか伝えませんから、聞き手には疑問点が生まれます。しかし、それについては、プレゼン終了後の質疑応答でアペンディックスを示しながら説明すればいいのです。

そのため、私は、社内プレゼンにおいては、プレゼンを3～5分で終わらせることを念頭において、「5～9枚」で本編資料を構成することをお薦めしています。「5～9枚」という制約を課すことで、盛り込む情報を精査せざるを得なくなるからです。資料のボリュームを絞ることで、自然とプレゼン資料はシンプルになるのです。

●社外プレゼンはスライド1枚につき「平均約6秒」

しかし、社外プレゼンの場合は、そうはいきません。

社内プレゼンはロジックさえしっかりしていれば決裁者は納得してくれますから、「5～9枚」の本編資料でも構成可能ですが、社外プレゼンでは相手の感情に訴えかける必要があります。「5～9枚」の資料では、とてもそこま

ではできません。

　そもそも、１枚のスライドで相手の興味を惹きつけるのは20秒が限界。それ以上見せ続けると、どんな人でもプレゼンから気持ちが逸れていきます。私は営業プレゼンも３〜５分で終わらせることを心がけていますが、それを「５〜９枚」でやろうとすると、１枚につき20〜60秒見せる計算になります。これは、社内プレゼンであれば許されますが、社外プレゼンでは完全にアウト。説明会プレゼンであれば、参加者のなかに寝る人が必ず現れます。

　社外プレゼンでは、１枚のスライドを見せる時間をできるだけ短くして、トントントンとリズム感をもってスライドを切り替えていくほうがよいのです。ただし、どんなにシンプルなスライドでも、１枚のスライドを把握するには最低でも2.5秒が必要とされています。ですから、私は、社外プレゼン資料を、スライド１枚につき「平均約６秒間見せる」という計算で組み立てるようにしています。

　そのため、３〜５分の営業プレゼンでは、本編資料だけで30〜50枚。説明会プレゼンでは、場合によっては100枚を超えるケースもあります。ここに、社外プレゼンの難しさがあります。なぜなら、社内プレゼンのように「５〜９枚」という制約がないために、ややもすると焦点の絞れていない散漫なプレゼンになってしまうおそれがあるからです。つまり、より一層、盛り込むべき情報の取捨選択をしっかり行う意識をもつ必要があるということです。

◉「聞き手」の目線で情報を取捨選択する

　では、社外プレゼンにおいて、情報を取捨選択する「モノサシ」は何でしょうか？

　それは、１つしかありません。聞き手にとって重要かどうか。この一点だけです。商品・サービスには、さまざまな機能（特徴）があり、そのすべてを丁寧に伝えたいと考えがちですが、これが間違いのもととなります。「相手がどんな人か？」「相手は何に悩んでいるか？」「相手は何を求めているか？」を徹底的に考えることで、プレゼン資料に盛り込むべき情報かどうかを精査していく必要があるのです。

「デジカタ」を例に考えてみましょう。

「デジカタ」には、「安価な維持費」「一括更新」「使いやすいインターフェイス」「鉄壁のセキュリティ」「ハイスピードな処理速度」「動画添付可能」など、さまざまな機能（特徴）があります。また、一流メーカーと提携して、最新スペックの高機能タブレットでサービスを提供しています。しかし、そのすべてを説明しようとすると、複雑でわかりづらいプレゼンになるでしょう。

Lesson 4で、紙のカタログを利用している会社に営業するという設定で作成したプレゼン資料（図4-3）をご覧ください。ここには、「ハイスピードな処理速度」「動画添付可能」「タブレットの情報」などは掲載していません。なぜか？　紙カタログの会社の課題に対応する要素以外は、聞き手にとって重要度が低いからです。

社外プレゼンのロジックは、すべて「相手の課題」を起点にして組み立てていきます。紙カタログの会社では「印刷コスト」「機会損失」「更新作業の負担」が課題ですから、それに対応する「機能（特徴）」、そして、その機能によって実現する「メリット」「未来像」を示すことが最も重要。それ以外の要素は、すべてアペンディックスに入れておけばいいのです（図5-1）。プレゼン終了後の質疑応答で使う可能性もありますし、アペンディックスとしてストックしておけば、別の営業先のときには、そこから本編スライドに移し替えることもできるでしょう。

こうして、聞き手にとって最も重要な要素だけを本編資料に入れることを徹底しなければ、シンプルな資料をつくることはできません。まず第1に、聞き手のことをよく理解する。そして、聞き手にとって「何が重要で、何が重要でないか」を見極める。これが、シンプルな資料をつくる鉄則なのです。

「根拠」を示すスライドはアペンディックスへ

また、プレゼンで主張することの「根拠となるデータ」も、その多くはアペンディックスにもっていくようにしてください。

というのは、社外プレゼンは「理屈っぽく」しないのがコツだからです。ここが、社内プレゼンとの大きな違い。社内プレゼンはロジック最優先ですか

図 5-1 ▶ 補足的なスライドはすべてアペンディックスへ

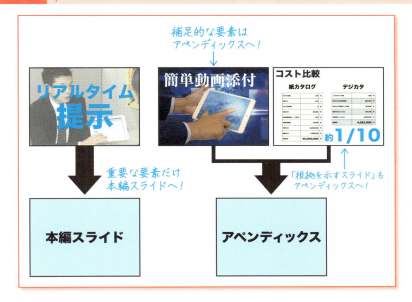

ら、何かを主張する際には、必ず、その根拠もスライドで明示する必要があります。しかし、それを社外プレゼンでやると、「理屈っぽく」なって感情に響きにくくなるのです。

たとえば、「デジカタ」の営業プレゼンで「コスト1/10」になることを訴えていますが、これにはもちろん積算根拠があります。しかし、それを本編スライドに入れ込むと、プレゼンのリズムが悪くなります。むしろ、「デジカタ」のメリットをトントントンと連打したほうが、聞き手は興味を惹きつけられるでしょう。

そこで、こうした「根拠を示すスライド」は、アペンディックスで保持しておきます（図5-1）。プレゼン終了後、お客様から「コストの根拠はあるの？」と尋ねられたら、そのアペンディックスを見せながら説明すればいいのです。

第1章　社外プレゼンは「感情」にアプローチする　45

Lesson 6

ターゲットに合わせて
プレゼン資料を変える

●「相手」が変われば「課題」が変わる

　プレゼンはコミュニケーション。相手がいて初めて成立するものです。

　ですから、同じ商品・サービスの魅力を伝える場合でも、相手を徹底的に意識しながらプレゼン資料を制作することが極めて重要です。これができなければ、絶対に相手の心に響くプレゼンをすることは不可能。そのためには、資料作成に取りかかる前に、相手に合わせて提供すべき情報を整理しておく必要があります。

　「デジカタ」を例に考えてみましょう。

　Lesson 3以降では、紙のカタログで営業を展開している会社を対象にしたプレゼン資料について説明してきましたが、「デジカタ」の営業先には、すでに紙のカタログから電子カタログに切り替えた会社もあるでしょう。その両社に対する営業プレゼンの内容は、当然異なってきます。

　まず、抱えている課題が違います。

　紙カタログの会社は「紙カタログのコスト」「ムダな更新作業」「機会損失」が課題ですが、電子カタログに切り替えた会社は「システムの使いづらさ」が課題であるケースが多いはずです。

　そのため、まず第1に、プレゼンのイントロ（つかみ）が違ってきます。

　紙カタログの会社に対しては、【図4-3】のように「紙カタログに要する5000万円のコストの重さ」を訴えるのが、最も効果的な「つかみ」となるでしょう。一方、すでに電子カタログに切り替えている会社に対しては、例えば【図6-1】のようなスライドで「操作が難しい」「一括更新ができない」ことによる「非効率」「面倒くささ」を訴えれば共感を得やすいはずです。

図 6-1 ▶ 電子カタログに切り替えた営業先への「つかみスライド」

相手が求めている「機能」「メリット」「未来像」をつかむ

　また、課題が違えば、それに応じて伝えるべき「機能（特徴）」「メリット（効用）」「未来像」も違ってきます。それを整理したのが【図6-2】です。

　まず、すでに電子カタログに切り替えた会社の中心的な課題が「システムの使いづらさ」であれば、相手にとって魅力的な機能は「一括更新できること」「使いやすいインターフェイスであること」がメインになるはずです。紙カタログの会社の場合には、第1に「低コストである」という特徴を打ち出しますが、この要素は補足的な位置づけになるでしょう。「メリット」と「未来像」も同様に、紙カタログの会社とは異なる要素を打ち出すことになるわけです。

　このように、同じ商品・サービスであっても、相手によって訴えるポイントはまったく異なってきます。ですから、プレゼン資料をつくる前に「相手は誰か？」「相手の課題は何か？」「相手は何に困っているか？」を徹底的に

図 6-2 ▶ 相手によって「機能」「メリット」「未来像」は異なる

	紙カタログの会社	デジタル化した会社
課題	①紙カタログのコスト ②機会損失 ③ムダな更新作業	システムが使いづらい
機能	①低コスト ②一括更新 ③使いやすさ	①一括更新 ②使いやすさ
メリット (効用)	①コスト10分の1 ②機会損失ゼロ ③更新作業ゼロ	更新作業の効率化
未来像	売上3倍	営業活動の活性化

考えて、情報を整理しておく必要があるのです。

説明会では「最大公約数」にフォーカスする

ただし、説明会プレゼンでは、これが難しい。

なぜなら、説明会プレゼンは「1対多」のコミュニケーションだからです。営業プレゼンの場合は、特定の相手のことを徹底的に考えればOKですが、説明会プレゼンの場合は、さまざまな特性をもった参加者が対象ですから、必ずしもそうはいきません。

たとえば、IT業界が合同で開催するユーザー向けのフェアで「デジカタ」をプレゼンする場面を想像してください。会場には、紙カタログの会社もいれば、電子カタログに移行した会社もいるでしょう。電子カタログに移行した会社のなかにも、「更新作業が難しい」ことに不満がある会社もあれば、「さらなるコストダウン」を求めている会社もあるでしょう。参加者の課題は一

様ではないのです。

そこで、できるだけ多くの参加者が関心をもつテーマを探す必要が出てきます。参加者の「最大公約数」を探すのです。私ならば、たとえば「時間」に着目します。「業務を効率化して残業時間を減らしたい」という、すべてのビジネスパーソン・会社に共通する課題にフォーカスするわけです。

イントロには、【図6-3】のようなスライドを用意します。

まず最初に「24」という数字を見せながら、「人は等しく24時間が1日として与えられています」と切り出します（つかみスライド①）。

続いて「47」という数字を見せながら（つかみスライド②）、「これは、何の数字だと思いますか？」と質問。少し間を置いて、つかみスライド③で公的機関が公表している日本人の平均残業時間であることを提示。「これを少しでも減らしたいと誰もが願っていますが、なかなか難しいのが現状ではないでしょうか？」と投げかけます。

そして、「月2時間残業を減らす方法」というスライド（つかみスライド④）を示して、「もしも、簡単に2時間の残業を減らす方法があれば知りたいですよね？」などと問いかけたうえで、「そこで、紹介するのがデジカタです」ともっていくわけです。

もちろん、ボディも、時間という課題設定に対応した構成を考えます。このように、多様な特性をもつ参加者の「最大公約数」を見つけ出し、それをテーマに据えてスライドを構成する。それが、効果的な説明会プレゼン資料をつくる鉄則なのです。

図 6-3　説明会プレゼンのイントロ

【トーク例】
「1日24時間。これは、すべての人に平等な条件です。社員一人ひとりの24時間を、いかに有効に活かしてもらうか。それが、会社を健全に保ち、成果を生み出す経営の鉄則。できれば、残業ゼロにしたい。皆さん、そう思っていらっしゃるはずです」

【トーク例】
「47。これは何の数字だと思いますか？」

【トーク例】
「実は、月平均の残業時間です。この47時間を少しでも減らしたいですよね？　だけど、それが難しい……」

【トーク例】
「そこで、月2時間の残業を減らす方法をご提案したいと思います」

【トーク例】
「それが、電子カタログ管理ツールのデジカタです」

Lesson 7 まず、プレゼンの「念い」を固める

いきなり「プレゼン・ソフト」を立ち上げない

　プレゼン資料の作成を始めるとき、いきなりPowerpointやKeynoteなどのプレゼン・ソフトを立ち上げてはいけません。まずは、紙とペンを用意して、盛り込むべき情報を書き出すことで、頭の中を整理するようにしてください。いわば「一人ブレスト」をするわけです。闇雲（やみくも）につくり始めると、非効率であるばかりか、聞き手の思いやニーズからずれたプレゼン資料をつくるおそれがあるためです。

　その際には、【図7-1】のようなフォーマットを利用すると便利です。

図7-1　手書きフォーマット

	要素	アイデア・ビジュアル
ターゲット		
課題		
機能（特徴）		
メリット		
未来像		
商品に込めた念い		
企業理念		

「デジカタ」のケースで、実際に書き込んだものが【図7-2】です。

第1のポイントは、まずターゲットとその課題を明確にすること。これは、Lesson 5とLesson 6で解説したとおり、社外プレゼンの方向性を決定づける重要なポイントです。

そのうえで、ターゲットの課題に対応する「機能（特徴）」「メリット（効用）」「未来像」を列挙していきます。この3つの要素は、Lesson 3で説明した「課題」→「原因」→「解決策」→「効果」というビジネス・プレゼンのロジックの「効果」に当たるもの。つまり、この手書きフォーマットで「課題」と「効果」を突き合わせていくわけです。この2つをがっちりとかみ合わせられれば、聞き手にとって説得力のあるプレゼンにすることができます。

⊛ 手書きで「課題」と「メリット」をすり合わせる

特に重要なのが「課題」と「メリット」の整合性。なぜなら、プレゼンする商品・サービスという「解決策」を実行したときの、直接的な効果がこの「メリット」だからです。そして、その「メリット」が生まれる根拠となるのが、商品・サービスの「機能（特徴）」であり、「メリット」が実現した末に生まれるのが「未来像」です。だから、まずターゲットに対して訴える「メリット」を確定するのが妥当な手順なのです。

書き込んでいくときは、まず、思いつく限りの要素を列挙します。そのうえで、聞き手にとって重要な要素に「○」をつけたり、補足的な要素や不要な要素には「×」をつけたり、二重線で消したりしながら、取捨選択していくといいでしょう。

そして、「機能（特徴）」→「メリット（効用）」→「未来像」が厳選されてきたら、頭の中でスライドをイメージしながら、聞き手を「納得」→「決断」へと導けるかどうかを吟味します。もしも、要素が足りないようであれば、Lesson 31で説明する「特典」（いま商品・サービスを購入してもらえたら提供できる特典）などの追加要素を検討したほうがいいかもしれません。

また、「アイデア・ビジュアル」の欄に、聞き手に効果的に見せるための材料をメモしておくことをお薦めします。「紙カタログのコスト5000万円が、新

図 7-2 「手書きフォーマット」で必要な情報の取捨選択を行う

	要素	アイデア・ビジュアル
ターゲット	紙カタログの会社の営業部長	
課題	・高コスト ・機会損失 ・営業現場の更新作業のムダ	・コスト5000万円 →新規採用20人分 ・モノクロ写真
機能(特徴)	・電子化による低コスト ・一括更新 ・わかりやすいインターフェイス ・鉄壁のセキュリティ ・~~ハイスピードな処理速度~~ ・~~動画添付機能~~	・カラー写真 ・紙代 ・印刷代 ・~~倉庫代ゼロ~~ ・他社との比較
メリット	・コスト1／10 ・機会損失ゼロ ・現場の更新作業ゼロ ・安心 ・営業本部での更新もスピーディ ・~~動画添付で豊かな表現力~~	・使いやすさ ○→動画で見せる？
未来像	・売上3倍増 ・~~本質的な仕事にだけ注力できる環境~~	・コスト減＋ ×営業マン増強効果を見せる？
商品に込めた念い	・最先端のITで未来を制する	・多画像で明るい未来を示す
企業理念	・ITで人々を幸せにする	

規営業マン20人分の人件費にあたる」といった、効果的なイントロをつくるためのアイデアはもちろん、そこで使うべき写真やグラフのアイデアもメモしておくと、スライドづくりを効率的に進めることができます。

「念い」の弱いプレゼンは結果を出せない

　こうして、伝えるべき情報を精査することができれば、聞き手の感情に訴えるプレゼンの青写真ができ上がるでしょう。

　しかし、これだけでは足りません。なぜなら、プレゼンの根底に確固とした「企業理念」と「商品・サービスに込めた念い」がなければ、本当の意味でターゲットの心に響くことはないからです。

　「念い」という文字を見慣れない方もいらっしゃると思いますが、この文字を使うことに意味を込めています。「おもい」には「思い」「想い」「念い」がありますが、それぞれ意味合いが異なります。「思い」とは「頭で考えること」、「想い」とは「心に芽生える気持ち」。一方、「念い」には「絶えず気にしていること。強い気持ち」という意味があります。つまり、すべての言動の根底に一貫している「おもい」のことを「念い」と書くのです。「企業理念」という言葉に、「念」の文字が使われているのも頷けると思います。

　この「念い」が本物でなければ、どんなに凝ったプレゼン資料をつくっても、どこか心に響かないプレゼンになります。聞き手が、心の底から納得することができないのです。だから、手書きフォーマットには、必ず、「企業理念」と「商品・サービスに込めた念い」を書き込むようにしてください。そして、その「念い」が、「自分の心にしっくりと来るか？」「プレゼン全体と整合性が取れているか？」をじっくりと確認するのです。

　【図7-3】をご覧ください。

　これは、私がイメージするプレゼンのピラミッドです。「機能（特徴）」「メリット（効用）」「未来像」を根っこの部分で支えているのが「念い」ということです。この４つが、第三者から見たときに説得力のある形で整っていなければ、誰かを説得することは絶対にできません。

図 7-3　社外プレゼンのピラミッド

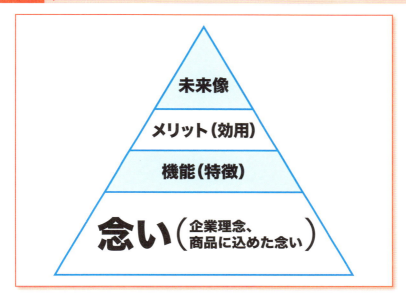

　極端な例ですが、こんなケースがありました。
　私が主催しているプレゼン・スクールでは、まず最初に、受講生にこの4つを書き出してもらうのですが、ある受講生が「念い」のところに「お金を儲けること」と書いたのです。
　彼は健康食品の販売会社の社長。扱っている商品の「機能（特徴）」「メリット（効用）」「未来像」は魅力的なものでした。しかし、正直といえば正直な「念い」かもしれませんが、それでは絶対に第三者に納得してもらうプレゼンをすることはできません。
　だから、私はこう尋ねました。「お金持ちになりたいのなら、この商品でなくてもいいんじゃないですか？」。もちろん、彼は答えに窮しました。そして、改めて創業当時の「念い」を思い出した彼は、「お客様の健康を守りたい」と書き直したのです。これが、よいプレゼンをする第一歩です。誰が聞いても納得できる「念い」を根っこにもったとき、はじめてプレゼンのテクニックが活きてくるのです。

第1章　社外プレゼンは「感情」にアプローチする　55

だから、皆さんも、プレゼン・スライドを立ち上げる前に、必ず、「手書きフォーマット」に「商品・サービスに込めた念い」と「企業理念」を書くようにしてください。そして、プレゼンの内容が、それらと整合性が取れているかをじっくりと確認してほしいのです。

　通常の営業プレゼン・説明会プレゼンでは「念い」を伝えるスライドは１枚で十分です。また、よほどのプレゼンでない限り、一般社員が「企業理念」をスライド化する必要はありません。しかし、それでも、「企業理念」まで立ち返って、「念い」を確認することが大切です。なかには、「企業理念」のない会社にお勤めの方もいらっしゃると思いますが、その場合には、あなたがその会社で働く「理由」でも構いません。

　そして、プレゼン資料をつくるときだけではなく、日ごろからその「念い」を大事にしてください。それを継続することで、必ず、その「念い」は強くなります。その「念いの強さ」は、必ずプレゼンの聞き手に伝わります。それこそが、聞き手の感情を動かす最大のポイントなのです。

「直感」に訴える スライドのコツ

Lesson 8 営業プレゼンは「4：3」、説明会プレゼンは「16：9」

「スライド・サイズ」は場面に合わせて変える

　第2章からは、一枚一枚のスライドのつくり方について詳しく解説します。まず、スライドのサイズ。プレゼン・ソフトには「4：3」と「16：9」のスライド・サイズが用意されていますが、営業プレゼンでは「4：3」、説明会プレゼンでは「16：9」を選択するのが基本です（図8-1）。

　営業プレゼンは、タブレットなどで表示しながらスライドを見せるケースが多いですから、タブレット画面にちょうど収まる「4：3」で作成するほうが見やすいでしょう。また、「4：3」であれば、紙に印刷したときも違和

図 8-1　スライド・サイズの選択

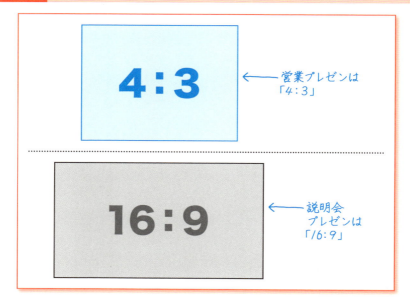

感がありませんから、資料を先方に渡すときにも便利です。

　一方、説明会プレゼンでは、広い会場で大きなスクリーンに映し出すことが多いですから、画面サイズの大きい「16：9」のほうが、聴衆にインパクトを与えることができるでしょう。しかも、最近はプロジェクターではなく、ハイビジョン対応モニターを利用するケースが増えてきています。ハイビジョン対応モニターは、「16：9」の横長ワイド画面に最適化されてますので、「4：3」のスライドでは両端に余白ができてしまうことがあります。それを避けるためにも、基本的には「16：9」でつくるほうがいいのです。

スライドに余計な要素は入れない

　スライド全体を使ってダイナミックに表現するのが、「4：3」「16：9」いずれの場合にも共通する基本。聞き手にインパクトを与えるためには、文字や写真をできるだけ大きく見せたほうがいいからです。ところが、【図8-2】

図8-2　スライドに「飾り」を入れると表現力が落ちる

のように、すべてのスライドに「会社のロゴ」や「飾り」などを入れている人を見かけることがあります。「会社名を記憶に残したい」「オシャレに見せたい」といった理由があるのだと思いますが、私は、その必要はないと考えています。

　もちろん、「会社のロゴ」を聞き手の印象に残すのは、企業ブランディングにとって重要なことです。しかし、「会社のロゴ」を表紙や最後のスライド（エンディング・スライドの次に入れる）に大きく表示することで、その目的は十分に達成することができます。

　また、「オシャレに見せる」ことはプレゼンの目的ではありません。それよりも、プレゼンの内容を伝えることのほうがよほど重要。であれば、スライドに制約を加える要素は極力排除して、画面全体をダイナミックに使えるようにしたほうがいいはずです。それは、【図8-2】をご覧いただければ、一目瞭然だと思います。

　とはいえ、営業プレゼンの資料においては、全ページに企業ロゴが入ったスライドの使用を義務づけている会社もあります。その場合には、その規定に従ってください。しかし、大画面表示をする説明会プレゼンでは、極力、余計な要素はカットして、全画面をダイナミックに使うことを心がけたほうがいいでしょう。

表紙には必ず「画像」を入れる

画像で「感情」にアプローチして、口頭で「説明」する

　社外プレゼン資料は、聞き手の感情を刺激する必要があります。

　そのためには、「文章で何かを説明しよう」とする意識を捨てなければなりません。スライドに文章を記せば、聞き手はそれを「読もう」としてしまいます。そして、内容を「理解」することで手一杯になり、「感情」が置いてきぼりになってしまうのです。

　つまり、論理的思考を得意とする左脳を刺激するのではなく、直感的に物事を把握することに長けた右脳を刺激するスライドをつくらなければならない、ということ。そして、右脳を刺激するのは写真などのビジュアル。だから、Lesson 4でお示しした「デジカタ」の営業プレゼン資料（図4-3）のように、ほぼすべてのスライドでビジュアル要素を強く打ち出す必要があります。ビジュアルで「感情」にアプローチして、口頭で「説明」する。これが、社外プレゼンの基本的なスタンスなのです。

　それは、表紙も例外ではありません。
【図9-1】をご覧ください。これは、Lesson 4で示した「デジカタ」の2つの営業プレゼン資料の表紙です。テキストだけのものと、ビジュアルをスライド全面に敷いたもの。どちらが、聞き手にピンと来るでしょうか？

　明らかにビジュアル・バージョンのほうです。表紙を見ただけで、「タブレットでカタログを表示するんだな……」と具体的なイメージがわいてくるからです。テキストだけだと、「何の提案だろう？」とタイトルの意味を考えなければなりません。それは、とても不親切ではないでしょうか？

　だから、私は、社外プレゼン資料の表紙には、必ず写真を使うようにしています。聞き手がピンと来る瞬間は、一瞬でも早いほうがいいからです。

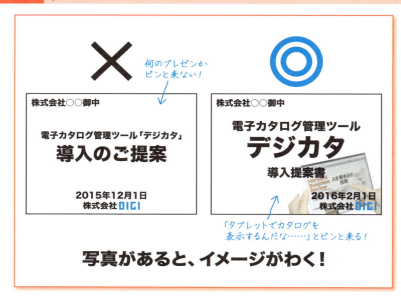

　表紙にビジュアルを入れる効果は、提案内容を直感的に把握してもらうことだけではありません。【図9-2】をご覧ください。これは、有機農法で育てたクリーンな食品を届けるサービスに関するプレゼン資料の表紙です。
　いかがでしょうか？　美しい田んぼの写真が背景にあると、「さわやか」「健康的」といったポジティブなイメージが一瞬で伝わります。これらは誰もが求めているイメージですから、表紙を見た瞬間にプレゼンに対して「よい感情」「ワクワクする気持ち」をもってもらえるわけです。テキストだけの表紙では、このような感情をもってもらうことは不可能。これも、表紙に写真を使う大きな効果なのです。

タイトルは「文章」にしない

　もちろん、表紙のタイトルも重要です。
　スライドのど真ん中に大きく表示して、「何を提案するのか」を明示します。

図 9-2　表紙の写真でポジティブな感情を刺激する

　重要なのは、一目で理解できるように、できるだけ短いタイトルにすること。Lesson 10で詳しくご説明しますが、タイトルやキーメッセージは「13文字以内」が原則。そのためには、文章にしないことが重要です。

　【図9-1】の2枚の表紙のタイトルを比べてください。「電子カタログ管理ツール『デジカタ』導入のご提案」と文章にするよりも、「電子カタログ管理ツール」「デジカタ」「導入提案書」と3つの短い言葉に分けて、最も重要な「デジカタ」という商品名を極大フォントで表示するほうがわかりやすいはずです（この場合、タイトルは「デジカタ」の4文字）。

　なお、タイトルはできるだけスライド中央に大きく表示するのが原則ですから、その邪魔にならず、かつ、表現力のある画像を選択することを忘れないでください。タイトルと画像がぶつかると効果が半減するので、くれぐれもご注意ください。場合によっては、適切に画像をトリミングしてタイトルスペースをつくるといいでしょう（Lesson 20参照）。

「営業先企業名」と「日付」は必ず入れる

　また、表紙で忘れてはならないのが「営業先企業名」（説明会の場合はイベントの名称）と「日付」を明記することです（図9-3）。スライド左上に「営業先企業名」、右下に「日付」と「自社名（ロゴ使用）」を入れてください。

　これは、思いもよらない「事故」を防止するためにも必須のポイントです。というのは、営業担当者は複数の顧客にプレゼンするからです。営業先によってプレゼン内容は変わってきますから、「営業先企業名」を明記しておかなければ、誤って別の営業先向けの資料を開いてしまうおそれがあります。

　また、1回の商談で契約にこぎつけることはほとんどありません。そのため、「日付」を明記しておかなければ、古いプレゼン資料を見せてしまうミスも起こりかねません。このような事故を防ぐためにも、必ず、表紙に「営業先企業名」と「日付」を記入するクセをつけてください。

　なお、「自社名」は必ず企業ロゴを使うようにしてください。社名はロゴというビジュアルで、相手の記憶に残すことが重要だからです。あらゆる機会をとらえて企業ロゴを人々の頭に刷り込むことは、企業ブランディングの基本。それを、プレゼン資料でも徹底していただきたいと思います。

社外プレゼンに「ページ番号」は不要

　なお、プレゼン・ソフトの初期設定で重要なものの1つに、ページ番号がありますが、私は、社外プレゼンにおいては基本的にページ番号を振る必要はないと考えています。

　社内プレゼンでは、決裁者から「○ページのスライドをもう一度見せてほしい」などと指示されることがありますから、必ずページ番号を振っておく必要があります。しかし、社外プレゼンでは、そのようなことはあまりありません。特に、説明会プレゼンでは、ほぼないと言っていいでしょう。であれば、少しでもスライド上の情報を減らすとともに、スペースを広くするためにも、ページ番号は省くのが適切だと思います。

　ただ、営業では、プレゼン後の質疑応答において、プレゼン資料に立ち戻

図 9-3 ▶ 「営業先企業名」と「日付」は必ず入れる

る必要が生じることがないわけではありません。ですから、そのようなケースが多いと感じる方は、ページ番号を振るといいと思います。

　その場合、ページ番号はスライドの右下に置きます（図9-4）。
　これには、明確な理由があります。「Zの法則」です。人が何かを目にしたとき、その全体を把握するために、人の目はZの形で動くという法則です。私たちは、ウェブページでも、書店の棚でも、無意識に左上から右に、そして左下から右へと目線を動かしているのです。これは、スライドをつくるうえで念頭に置いておくべき法則なので、ご記憶いただきたいと思います。
　そして、この「Zの法則」によって、ページ番号を置く場所は確定します。なぜなら、スライドの右下のスペースは、目線が最後に行きつく場所なので、そこにページ番号を置けば、見る人がスライドの全体を把握する邪魔にならないからです。
　なかには、ページ番号を中央下に置く人もいますが、私はお薦めしません。

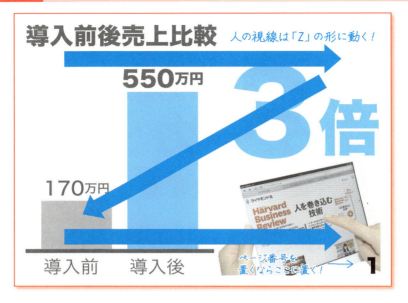

図 9-4　Zの法則

そこに置いてしまうと、グラフやメッセージ、ビジュアルなどを配置するうえで制約となってしまうからです。限られたスペースを最大限に活用するためにも、ページ番号は右下に置くのがベストなのです。

キーメッセージは、13文字以内の「強い言葉」

 言葉で「説明しよう」としてはいけない

　社外プレゼン資料では、「説明しよう」としてはいけない──。

　これは重要な鉄則です。表紙のタイトルもキーメッセージも「読ませるもの」ではなく「見せるもの」。一字一字読んで、ようやく意味がわかるのではダメ。パッと見た瞬間に、意味がスッと頭に入ってくる。そして、相手の心にインパクトを与える。これが、優れたプレゼン資料の条件なのです。

　そのためには、どうすればよいか？
　方法はただ1つ。文字数を減らすことです。
　人間が一度に知覚できる文字数は、少ない人で9文字、多い人で13文字だと言われています。瞬間的に文字と意味を同時に把握することができる文字数は13文字が上限。これを超えると、意味をつかみ取るのに「読む努力」が必要になるのです。日本最大のニュースサイト「Yahoo!」のニューストピックの見出しが上限13文字になっているのも、おそらく、これと同じ理由だと思います。

　だから、タイトルやキーメッセージは必ず13文字以内に収めるようにしてください。「文章」をつくる感覚は捨てて、「キャッチコピー」をつくることをイメージするといいでしょう。そして、13文字よりもさらに短く、相手の心にインパクトを与える「強い言葉」にするように心がけてください。もっと言えば、「単語」でいいのです。

　とはいえ、13文字以内という制限は、実際に書いてみるとなかなかハードルが高いものです。慣れないうちは、ついつい「文章」を書いてしまう。そこで、キーメッセージを13文字以内にするコツをいくつかご紹介したいと思います。

最重要ポイント以外はすべてカットする

　13文字以内にするためには、要するに、伝えるべき最重要ポイント以外の要素をすべてカットしていけばいいのです。

　まず、カットしていただきたいのが平仮名。「〜のための」「〜による」「〜について」といった平仮名は不要です。また、「〜の」「〜を」などの助詞も省けるものが多いので、できるだけ取るようにしてください。

　また、最重要ポイント以外の付随的な言葉はすべてカットします。プレゼン本番では、口頭で説明しますから、そのすべてをスライドに表示する必要はありません。

　「デジカタ」のキーメッセージで、実際にやってみましょう。

> 〈例文①〉
> 【before】カタログコストが約1/10に削減できます（19字）
> 【after】　コスト削減　1/10（8字）

　この例文の平仮名はすべて不要ですから、全部カットします。また、主語述語のある文章にする必要はありません。プレゼンのテーマから、ここで削減されるのは「カタログのコスト」であることは自明のこと。しかも、口頭で補えばいいのですから、「カタログコストが」という主語は不要です。

　さらに、「約1/10」の「約」も基本的に不要です。これも口頭で補足すれば足りることです。あるいは、質疑応答や商談において、アペンディックスや商品パンフレットを提示しながら説明すれば十分。どうしても気になる場合には、フォントサイズを小さくして「約」と入れるといいでしょう。

　ただし、数字そのものは必ず残すようにしてください。数字は一目で理解できますし、何よりインパクトと説得力があります。パワースライドをつくるためには数字がきわめて重要。ですから、伝えたい数字は必ずキーメッセージに残しておくようにしてください。

聞き手の感情を「言葉」にする

　ただ、13文字以内に収まったからといって、そこで終わりにしてはいけません。さらに「強い言葉」にできないかを考える必要があります。
　次の例文で、具体的に考えてみましょう。これも、「デジカタ」のプレゼン資料のキーメッセージ。まずは、不要な言葉を全部カットしてみましょう。

〈例文 ②〉
【before】紙カタログを更新する営業担当者の手間が非常に大変（24字）
【after】　　紙カタログ　更新の手間大（11字）

　これで、13文字以内に収まりましたが、私はもっと「強い言葉」にできると思います。そもそも、「強い言葉」とは何でしょうか？　「感情」を表す言葉です。だから、紙カタログを更新する営業担当者になりきって、彼らがどんな感情をもっているかを考えてみます。
　新商品が発売されたり、商品がリニューアルされるたびに、紙カタログを更新するのは、どんな気持ちでしょう？　営業先から帰社して疲れ切っているなかで、残業をしながら更新をする。それは「苦しい」はずです。であれば、次のように言葉を変えれば、営業相手の心に響くメッセージになるのではないでしょうか？

〈例文 ③〉
【before】紙カタログ　更新の手間大（11字）
【after】　　紙カタログ　更新苦（8字）

　かなり「強い言葉」になったと思います。このように、単に13文字以内にするのにとどまらず、相手の気持ちを表現する「言葉」を見つけ出すことによって、強力なキーメッセージを生み出すことができるのです。皆さんにも、ぜひ、トライしていただきたいと思います。

第2章　「直感」に訴えるスライドのコツ

「シグナル効果」で
スライドの表現力を高める

「ワンカラー効果」でインパクトを生む

　社外プレゼン資料は、ビジュアルが決め手となります。
　ですから、カラーをいかに使うかは、きわめて重要なポイントです。特に、画像のカラーをどのように処理するかで、プレゼンの印象は大きく変わってきます。たとえば、ワンカラー効果。【図11-1】のように、モノクロ写真にワンカラーでキーメッセージを乗せると、非常にインパクトのあるスライドをつくることができます。このような手法を駆使することによって、同じ内容であっても、見違えるようなプレゼン資料にすることができるのです。

図 11-1　ワンカラー効果でインパクトを生む

ただ、画像のカラー効果についてはLesson 19でご紹介することにして、ここでは、プレゼン資料における色使いの最も基本的なルールについてご説明したいと思います。

1枚のスライドで3色まで

　まず第1に、テキストやグラフなど画像以外で使う色数を増やしすぎないことが大切です。

　プレゼン資料はカラフルであることに意味があるわけではありません。あくまで、カラーを使うことで、スライドを見やすくしたり、重要なメッセージを際立たせることに意味があるのです（図11-2）。

　この効果を最大化するためには、できるだけ色数を絞ることが重要。色数が多いと、逆に「何を伝えたいのか」がわかりにくくなってしまうからです。社外プレゼンでは、カラー画像の上にテキストやグラフを表示するケースも

図 11-2　カラーを使うことでスライドがわかりやすくなる

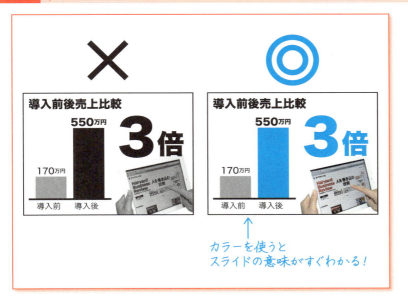

多いですから、なおさらです。画像だけでもカラフルなのに、それ以外の要素でもカラーが多いと、とても見にくいスライドになってしまいます。

もちろん、色数を増やさざるをえないスライドもありますが、そのような場合でも、できるだけ1枚のスライドで3色を上限にするように心がけてください。

ポジティブ情報は「青」、ネガティブ情報は「赤」

第2に、色の選択に関するルールです。

プレゼン資料全体を通して、「機会損失0」「コスト削減1/10」などポジティブな情報は「青」、「機会損失」「紙カタログ更新苦」などネガティブな情報は「赤」に統一するのです。

〈シグナル効果〉
●ポジティブな情報は「青」
●ネガティブな情報は「赤」

これは、国際的に通用するルールです。世界中の信号が「青＝進め」「赤＝とまれ」で統一されているように、「青」は「良好、順調、安全」のシグナルであり、「赤」は「不良、不安、危険」のシグナルとして使われています。つまり、世界中の人が、「青」で表示された情報は「いい情報」と受け取り、「赤」で表示された情報は「悪い情報」であると直感的に受け取るのです。これを「シグナル効果」と言います。

この効果を使わない手はありません。

【図11-3】を見れば一目瞭然ですが、カラーを使わないスライドよりも、「赤」を使ったスライドのほうが、"ヤバい感じ"が心に迫ってくるはずです。また、ネガティブな情報なのに「青」を使うと、強い違和感を感じるはずです。このように、「シグナル効果」を意識することによって、聞き手の感情により強く訴えかけることができるのです。

図 11-3　「シグナル効果」でスライドの表現力がアップ

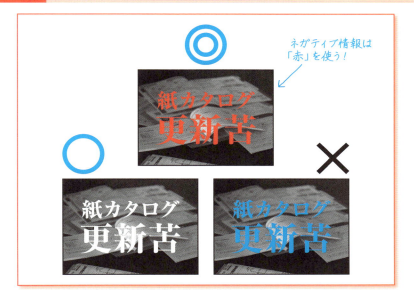

　ここで、改めてLesson 4に示した「デジカタ」の営業プレゼン資料を見返してください（図4-3）。前半に「赤」が多用され、後半に「青」が多用されていることに気づくはずです。

　これは、ほとんどの社外プレゼンに共通する傾向だと言えます。なぜなら、社外プレゼンとは、聞き手の課題を解決する商品・サービスを提案することだからです。イントロで「そうそう、それに悩んでるんだ……」「ウチの会社もヤバいんじゃないか？」といったネガティブな感情を引き出すことで聞き手の興味を引きつけ、解決策によってポジティブな状態になることを伝えるのが、社外プレゼンの基本的な構造。だから、社外プレゼン資料は「前半に赤」「後半に青」というのが色使いの定番となるわけです。

　赤から青へ──。これは、資料づくりの1つの目安になりますので、ぜひ、ご記憶いただければと思います。

「ゴシック」を基本に、「明朝」を効果的に使う

キーメッセージは「ゴシック」が基本

キーメッセージは、そのスライドでいちばん伝えたいことです。

だから、キーメッセージに使用するフォントは「目に入りやすく」「誰でも読める」ものでなければなりません。この条件を満たすのはゴシック体のフォント。なかでも、この2つがベストです。

〈キーメッセージに最適のフォント〉
- **Powerpoint：HGP創英角ゴシックUB**
- **Keynote：ヒラギノ角ゴStdN**

この2つのフォントが、誰にとってもいちばん読みやすく、インパクトのあるフォントだからです。

なぜ、ゴシックがいいか？　明朝体を老眼の人や目の悪い人が見ると、線が消えて見えることがあるからです。明朝体のほうが知的に感じられるかもしれませんが、見えなければどんな知的なフォントを使っても意味がありません。特に、説明会プレゼンは広い会場で行うことが多いですから、遠い席の人にも見やすいような配慮が不可欠。ですから、キーメッセージに限らず、社外プレゼンではゴシックを使うことを基本にしてください。

ゴシックにも「HGS創英角ゴシック」や「HG創英角ゴシック」などいろいろな種類がありますが、そのなかでもキーメッセージに最も適しているのが「HGP創英角ゴシックUB」です。私は、あらゆるフォントでプレゼン資料をつくってスクリーンに投影してきましたが、このフォントは行間も文字間隔も詰まりすぎず空きすぎず、キーメッセージとして使用するにはちょうどいいバランスなのです。

また、最近ではPowerpointとKeynoteを併用する企業も増えてきていますので、その場合には、双方のソフトで互換性がある「メイリオ」をキーメッセージに使うのもお薦めです。

なお、「グラフのタイトル」「グラフの数字」など、キーメッセージ以外のテキストは、この2つが適切。キーメッセージとの差異が明確で、かつ読みやすいからです。

〈キーメッセージ以外に最適のフォント〉
● **Powerpoint：MSPゴシック**
● **Keynote：ヒラギノ角ゴProN**

プレゼン資料をつくる度に、「どのフォントにしようか？」と迷っているのは時間のムダです。あらかじめ使用フォントを決めておけば、それだけで効率化につながります。社外プレゼンに求められるのは「パッと見た瞬間に理解できるスライド」です。趣味嗜好にかかわる部分は捨て去って、読みやすく、インパクトのあるフォントを使うのが得策です。

ネガティブ情報は「明朝＋赤字」でインパクトを生む

とはいえ、何でも機械的にゴシック・フォントを使えばいいというわけではありません。

たとえば、女性向け商品・サービスの場合には丸ゴシック体を使ったほうがしっくりくることもあるでしょうし、和風テイストの商品・サービスの場合には明朝を使わないと違和感が生じることもあります（Lesson 9の図9-2参照）。このような場合には、商品・サービスの適性に合ったフォントを柔軟に選択するようにしてください。

ただし、その場合も、基調となるフォントを1つに絞って、それをメインに使うようにしてください。プレゼン資料で使うフォントの種類が多いと、それだけで散漫な印象を与えてしまうからです。

第2章　「直感」に訴えるスライドのコツ　75

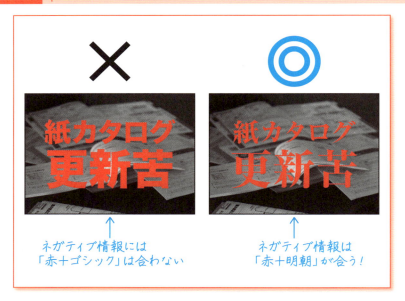

　また、Lesson 11の【図11-1】のように、ネガティブなキーメッセージは明朝がデフォルトです。【図12-1】で見比べていただければ一目瞭然ですが、ネガティブ・メッセージをゴシックにすると「心に迫ってくるもの」がありません。ネガティブ・メッセージは、「モノクロ写真＋明朝＋赤字」。これが、効果的なスライドをつくる鉄則なのです。

　もちろん、明朝体の弱みを忘れてはなりません。明朝体は、人によっては、線が消えて見えてしまうおそれがあります。だから、できるだけ太くて見やすい次のフォントを使うようにするといいでしょう。

〈ネガティブ・メッセージに使用するフォント〉
- **Powerpoint**：HGP明朝E（太字）
- **Keynote**：ヒラギノ明朝ProN（太字）

キーメッセージのフォントは、「100〜300」を使う

 「300」でメッセージを強調する

　キーメッセージのフォントサイズは、「100〜300」を使います。
　100以下だと小さすぎてインパクトに欠け、300を超えると「やりすぎ」になり、かえって見る人を白けさせてしまいます。ですから、必ず、この範囲で設定するようにしてください。
　そして、この範囲でできるだけ大きくするのが鉄則です。
　【図13-1】のスライドをご覧ください。サイズ100と200、300（スライドに対する比率）を表示したものです。100でも十分読めますが、200にすると格

図 13-1　キーメッセージのフォントサイズは100〜300

100
200
300

キーメッセージは
100〜300の範囲で
最大のフォントを使う！

図 13-2　キーメッセージは「やや上」に置く

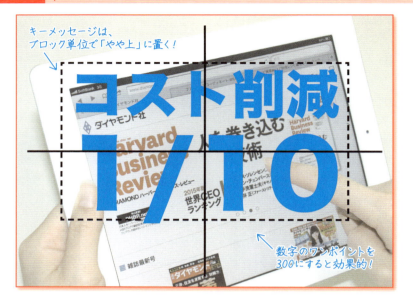

段にインパクトが増すのが一目でわかるはずです。そして、300はきわめて大きなフォントなので、【図13-2】のように、重要な数字をワンポイントで強調するときなどに使うのが適しています。1つのスライドでフォントにメリハリをつけて、いちばん強調したいポイントを際立たせるのがコツです。

特に、広い会場でスクリーンに映し出す説明会プレゼンでは、キーメッセージを大きく見せる必要があります。パソコン上でスライドをつくっているときにフォントを200以上にすると、「ちょっとやりすぎかな……」と思うかもしれませんが、スクリーンに映し出されたときには「200〜300」でもまったく違和感はありませんので、安心して使ってください。

キーメッセージは「やや上」に置く

キーメッセージを配置する位置にも法則があります。
キーメッセージは、スライド中央より「やや上」に配置するのが基本なの

です。キーメッセージが２〜３行にわたる場合は、【図13-2】のように、ブロック単位で「やや上」に置くようにしてください。

これは、特に説明会プレゼンでは重要なルールです。なぜなら、聴衆は、スライドを映すスクリーンを、座った状態で見上げるケースが多いからです。その角度でスライドを見ると、キーメッセージが中央かそれより下に配置されていると、とても窮屈な印象を受けるのです。そのメッセージがスムースに心の中に入ってこないわけです。

古い日本家屋やお寺の壁上部に、横書きの「書」（扁額）が掲げてあるのをよく見かけます。あれを見ると、すべて中央より少し上に文字が書かれていることに気づきます。下から見上げることを想定して、そうしてあるわけです。中央より「やや上」に置くのは、古来からの知恵なのです。

営業プレゼンはタブレットなどで見せるケースが多いですから、下から見上げる形にはなりません。しかし、その場合も、「やや上」に置いたほうが自然に見えます。ですから、プレゼンの種類にかかわらず、キーメッセージは「やや上」に置くことを基本にしてください。

キーメッセージの位置でアクセントをつける

ただ、すべてのキーメッセージを機械的に「やや上」に置けばいいわけではありません。聞き手を飽きさせないためにも、適度にキーメッセージの位置を変えてアクセントをつけるといいでしょう。

【図13-3】をご覧ください。これは、Lesson 4で示した「デジカタ」営業プレゼン資料のイントロ部分のスライドです。「機会損失」「紙カタログ更新苦」のキーメッセージは「やや上」に、「紙カタログ営業」というキーメッセージは「下」に配置しました。このようにキーメッセージの位置を変えることで、聞き手の目線を動かすことによって、プレゼンにリズム感が生まれるのです。

もちろん、これを頻発すると鬱陶しいだけですし、散漫な印象を与えることになります。３〜５分の営業プレゼンであれば、１〜２回ほどキーメッセージの位置を変えるくらいが適切でしょう。

また、キーメッセージの位置を変えるのは、プレゼンのテーマが切り替わ

図 13-3 キーメッセージの位置でアクセントをつける

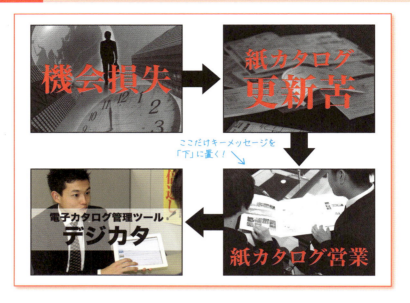

る「区切り」の場面にするのがコツです。

【図13-3】では、キーメッセージの位置を「下」にしたスライドの次に、解決策として「デジカタ」を提案するスライドを配置しています。ここで、「課題（原因）→解決策」とテーマが変わるわけです。

この局面でキーメッセージを「下」に置いて、紙カタログを使っているモノクロ写真を中央に見せることで、いわく言いがたい余韻が生まれるのを感じないでしょうか？　「そうだよな、たしかに紙カタログには問題が多いよな……」。そんな余韻を感じてもらっているときに、「そこで、ご提案するのがデジカタです」と言いながら「デジカタ」のスライドを提示すると、聞き手をプレゼン本編に引き込むことが期待できると思います。

このように、キーメッセージは「やや上」を基本にしつつ、要所で配置を変えることでアクセントをつけることを意識します。もちろん、配置を変えるときは必ず「下」に置くといったルールはありません。プレゼンの内容に応じて、聞き手の気持ちを想像しながら工夫していただきたいと思います。

「2.5秒」でわかる グラフのつくり方

Lesson 14 グラフは「左」、メッセージは「右」

グラフとメッセージを「縦」に並べない

　プレゼンに説得力をもたせる最大の武器は「データ（数字）」ですから、そのデータを見せるグラフをわかりやすくつくるのは、プレゼン資料において非常に重要なポイントです。

　ここでは、まず、グラフとメッセージの配置方法についてご説明します。【図14-1】の①のようにグラフとメッセージを縦に並べるスタイルをよく見かけますが、実は、この配置は見る人に優しくありません。

　というのは、人間の脳は、右脳はビジュアル、左脳は文字情報などの論理

図14-1　グラフは「左」、メッセージは「右」

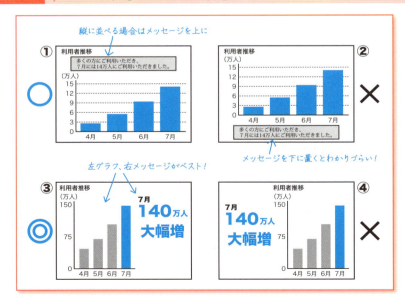

を理解することに特化しているからです。つまり、ビジュアルと文字情報を「上下」＝「縦」に配置するよりも、「左右」＝「横」に配置したほうが、両方の情報を脳内でスムースに処理できるのです。

とはいえ、デザイン上どうしても「上下」＝「縦」に配置せざるをえないこともあります。その場合には、【図14-1】の①のようにキーメッセージを上に配置するようにしてください。②のようにキーメッセージを下に置くと、メッセージが伝わりにくくなるためです。

ビジュアルは「右脳」へ、テキストは「左脳」へ届ける

では、グラフとキーメッセージは左右のどちらに振り分けるのがよいのでしょうか？

答えは、「グラフ＝左」「キーメッセージ＝右」です。なぜなら、左側から入る情報は右脳へ、右側から入る情報は左脳へと繋がっているからです。グ

図 14-2　左脳はテキスト、右脳はビジュアルの処理が得意

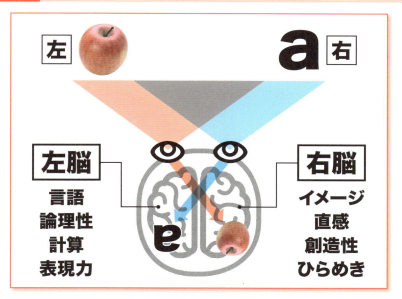

図 14-3　写真は「左」、メッセージは「右」

　ラフを左に配置することで、ビジュアル処理が得意な右脳に届き、キーメッセージを右に配置することで、文字情報の処理が得意な左脳に届くことによって、脳は両者を瞬時に把握できるのです（図14-2）。

　これは、実際に見比べてみると実感できます。【図14-1】の③と④のスライドのどちらが頭にスッと入ってきますか？　グラフを「左」、キーメッセージを「右」に配置した③のパターンのはずです。

　なお、グラフのタイトルはスライドの左上に置きます。Lesson 9で「Zの法則」についてご説明したとおり、1枚のスライドを目にした人の視線はまず左上に注がれます。ですから、その左上にグラフのタイトルを配置するとスライドを把握しやすくなるのです。

　もちろん、写真とキーメッセージの配置も同じです。私は、写真はできるだけ全画面を使って大きく表示するのが効果的だと考えていますが、なかには、【図14-3】のように表示せざるを得ない場合もあります。その場合には、写真を「左」、メッセージを「右」に置くのが基本となります。

「2.5秒」でわかるグラフのつくり方

 「ワンスライド＝ワングラフ」の鉄則

　パッと見た瞬間に理解できるグラフをつくる──。

　これが、わかりやすいプレゼン資料をつくる重要なポイントです。できれば、人が1枚のスライドを把握するのに最低限必要な2.5秒以内、どんなに遅くとも10秒以内には理解できなければなりません。考えなくても理解できるのが理想のグラフなのです。

　そのためには、グラフをとことんシンプルに加工しなければなりません。まず第1に覚えていただきたいのは、「ワンスライド＝ワングラフ」の鉄則。1

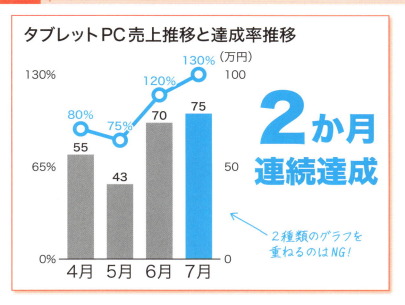

図 15-1　2種類のグラフを重ねたスライドはNG

枚のスライドに２種類以上のグラフを掲載するのはNG。【図15-1】のように、棒グラフと折れ線グラフを重ねたスライドを見かけますが、これも読み解くのに時間がかかりますからNGです。どうしても、両方のデータを示す必要があるのならば、棒グラフで１枚、折れ線グラフで１枚のスライドを使ったほうがいいでしょう。１つのグラフで１つのメッセージを伝えることに徹したほうが、わかりやすいスライドになるのです。

意味が通るギリギリまでカットする

　次に、グラフの余計な要素はどんどんカットしていきます。
　具体的にやってみましょう。【図15-2】をご覧ください。パッと見た瞬間にゴチャゴチャしていて、何を言いたいのかが伝わってこないと感じられるはずです。私ならば、【図15-3】のように加工します。改善点は次のとおり。
　まず、桁数。【図15-2】では「15000千万円」「30000千万円」と「千万円単

図15-2　わかりにくい棒グラフのスライド

図 15-3　わかりやすい棒グラフのスライド

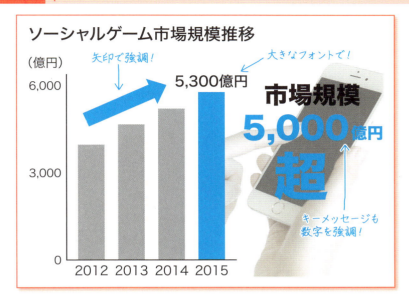

位」の表記になっていますが、一般的には読み取りづらい単位表記です。「億円」単位にしたほうが、一目で数字を読み取ることができるでしょう。

　罫線も不要です。【図15-2】では、1500億円刻みで4本の目盛りの罫線が入っていますが、煩わしいので取ります。また、単位の刻みも「3000億円」「6000億円」の2つに簡略化しました。単位の数字表記が多いと、それだけでグラフが複雑に見えますから、できるだけ簡略化するようにしてください。このように「目盛り」「罫線」「単位」などは、意味が通るギリギリまでカットしてOKです。

「数字」を強調してパワースライドにする

　そのうえで、グラフを左に、キーメッセージを右に配置します。
　Lesson 14でご説明したように、それがグラフとキーメッセージを瞬時に理解してもらうベストな配置だからです。

ただ、その効果は、これにとどまりません。グラフをスライドの左半分のスペースに圧縮することで、自然とグラフがわかりやすくなるのです。【図15-2】と【図15-3】のグフラを見比べてください。【図15-3】のほうが、棒グラフの増減が明確になっていることに気づかれるはずです。それだけ、グラフの意味が読み取りやすいというわけです。

　また、数値が増加傾向にあることを強調するために、太い矢印を添えればより一層効果的です。グラフで伝える情報がポジティブなものであれば「青」で、ネガティブなものであれば「赤」でカラーリングすることも忘れないでください。

　さらに、数字を強調します。

【図15-2】では、すべての棒グラフの上に数値を入れていますが、最後の棒グラフの数値（最も伝えたい数値）だけ太いフォントで表示しました。さらに、キーメッセージでは「5000億円超」という言葉を一際大きなフォントで表記。このように、そのグラフで伝えたい数値を強く押し出すようにしてください。数字にはインパクトがありますし、説得力もあります。数字を目立たせることで、パワースライドにすることができるのです。

「見せたい部分」を極大化する

 円グラフは「ワンカラー効果」で印象づける

　Lesson 15では棒グラフを取り上げましたが、ここでは円グラフと折れ線グラフのつくり方をご説明します。

　基本は棒グラフと同じです。余計な要素はカットして、スライドの左半分にグラフを配置する。そして、数字を際立たせてパワースライドにする……。これらを踏まえたうえで、円グラフと折れ線グラフを効果的に見せるテクニックをお伝えしたいと思います。

　まず、円グラフ。【図16-1】をご覧ください。これは、自社商品がシェアト

図 16-1　円グラフを加工する方法

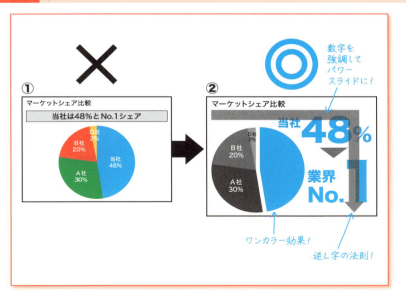

ップであることを示す円グラフです。しかし、①のスライドでは、パッと見た瞬間にその意図が伝わりませんね？　そこで、私ならば②のスライドのように加工します。

　まず、ご注目いただきたいのが円グラフのカラーです。自社の部分だけ青で強調し、それ以外の部分はグレーのグラデーションで表現しています。さらに、この部分を円グラフ本体から切り出して、少しズラすデザインを施しています。こうすると、「自社がシェアトップである」ことが一目でわかるからです。これも、Lesson 11でご紹介した「ワンカラー効果」の１つ。円グラフでは非常に効果的ですので、ぜひ、活用していただきたいと思います。

✴ 「見せたい数字」は円グラフの外に出す

　また、このワンカラーの部分に「シェア48％」というテキストを置くのではなく、キーメッセージとして大きく表示しました。「48％」の部分を円グラフのワンカラーと同じ青で表示すれば、円グラフとキーメッセージが連動して、自社のシェアが「48％」であることが一目でわかります。そして、「48％」の下に「業界No.1」というキーメッセージを置けば、「シェア48％で業界No.1である」ことが一瞬で把握してもらえるという仕掛けです。

　このようにグラフを左に置き、「48％」というキーメッセージを右上、「業界No.1」というキーメッセージを右下に置くと、聞き手は最速でスライドのメッセージを読み取ってくれます。【図16-1】をご覧いただければわかるとおり、聞き手の目線は「逆L字型」に動きますから、私は、これを「逆L字の法則」と名付けています。これが、Lesson 9でご紹介した「Zの法則」よりも、さらにスピーディに聞き手にスライドの全体を見せる方法なのです。非常に重宝しますので、ぜひ覚えておいていただきたい法則です。

　なお、一点ご注意いただきたいことがあります。

　それは、このようにキーメッセージをつなぐマークに矢印（↓）を使わないということです。というのは「↓」を使うと、なんとなく「増減」をしめしているように見えて、誤解を招くことがあるからです。

だから、こういうときには必ず三角形のマーク（▽）を使用するようにしてください。このマークを使えば、「増減」を示していると誤解されることがないばかりか、「つまり」「なぜなら」「だから」など論理の因果関係を示していることが明確になるからです。また、このマークはグレーを使用してください。青や赤を使うと、ポジティブな印象やネガティブな印象を与えて、ミスリードしてしまうおそれがあるからです。

「見せたい折れ線」を極太にする

　次に、折れ線グラフについてご説明します。
　【図16-2】をご覧ください。これは、自社商品のシェアが近年急激にアップしていることを訴えるスライドです。①はゴチャゴチャしていて、何が言いたいのかわかりにくいですね？　私ならば、②のように加工します。
　まず、棒グラフと同じく余計な「数字」「罫線」「凡例（「-o-当社、-o-A社、

図16-2　折れ線グラフを加工する方法

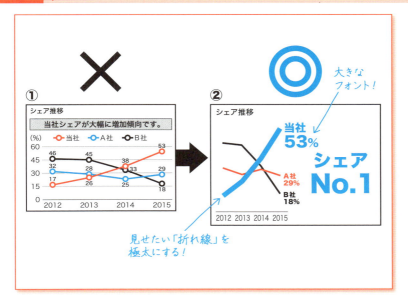

━B社」の部分)」はすべてカットします。折れ線グラフの途中にある数字は不要。最新の数字である「当社　53％」「A社　29％」「B社　18％」を、折れ線の"お尻"に表記すればOK。そして、最も伝えたい「当社　53％」という数字を大きく表示するのです。

　横罫も鬱陶しいのでカットします。また、この折れ線グラフは「シェア率」を示すものですから、縦軸の目盛りも不要です。「数量」を示す折れ線グラフの場合は、縦軸の目盛りが必要となりますが、その場合でも最小限に絞ってOKです。

「凡例」もカットします。折れ線グラフに限らず、グラフには「凡例」がよく出ますが、小さく表示しなければならないため、グラフを複雑なものに見せてしまいがちです。ですから、「凡例」はカットして、その内容をグラフのなかに入れ込むようにしてください。

　また、【図16-2】の①の折れ線グラフには「○マーク」がついていますが、こういうマークも不要。折れ線グラフは、物事の推移がわかればOK。そのために不要な要素は、すべてカットしてかまいません。

　こうして、グラフをシンプルにしたうえで、見せたい折れ線を「極太」にします。これが非常に重要です。

　なぜなら、このグラフで最も重要なのは、自社の商品が年々シェアをアップさせていることを示すことだからです。そこで、この折れ線を極太にすることで、見る人にそれを印象づけるわけです。そして、キーメッセージに「シェアNo.1」と表記すれば、一瞬で「伝えたいこと」が伝わるはずです。

　なお、棒グラフと同様に、グラフをスライドの左半分に収めることで、折れ線に急角度がつき、より効果的にグラフを見せることができることにもご注意ください。左側のグラフのように折れ線の角度が緩やかであるよりも、格段に効果的なスライドになっていることがおわかりになると思います。

ポジショニング・グラフで「優位性」をアピールする

類似商品に対する「優位性」を視覚に訴える

　社外プレゼンに必須なのが「ポジショニング・グラフ」です。
　なぜなら、聞き手は常に競合する商品・サービスとの違いを意識しているからです。他の商品・サービスと比べて、どの機能が優れているのか、すなわち「優位性」を明確に示さなければ、聞き手の納得を得ることはできません。しかも、「A社より使いやすく、B社より安価です」と言葉で伝えてもピンときませんから、必ず、グラフにして視覚に訴えるようにしてください。
　【図17-1】をご覧ください。これは、Lesson 4でお示しした「デジカタ」の

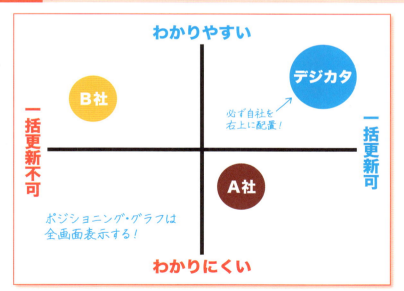

図 17-1　ポジショニング・グラフで「優位性」をアピールする

営業プレゼン資料に収めたポジショニング・グラフです。これをもとに、ポジショニング・グラフをつくるうえでの注意点をご説明します。

　何よりも重要なのは、優位性をアピールするために最適な「比較基準」を見出すことです。比較基準は、縦軸と横軸の2つ。どんな商品・サービスにも長所・短所がありますが、自社の優位性を示すことができる2つの切り口を見つけ出す必要があります。

　その際に忘れてはならないのは、聞き手にとって有益な「優位性」であるかどうかという視点。【図17-1】では、「一括更新できるか否か」「わかりやすいインターフェイスか否か」の2つを選択しましたが、これはプレゼンの相手が「紙カタログを活用している会社」だからです。電子カタログの導入・維持コストの多寡も重要な切り口ではありますが、紙カタログの会社にとっては、電子カタログを採用するだけで大幅なコストカットに繋がるのは明らか。競合商品とのコスト差は誤差に近いものと考えられますから、それ以外の機能で優位性を打ち出したわけです。

　もしも、営業先が、すでに電子カタログに切り替えた会社であれば、選択する比較基準が異なってくることもあります。さらなるコストダウンを求めている営業先に対しては、「コストの多寡」を比較基準に入れたほうがいいはずですし、セキュリティに不安を覚えている営業先については、その優位性を訴えたほうがいいでしょう。このように、自社商品の機能的な長所と営業先のニーズを両睨みしながら、最適な比較基準を見出すようにしてください。

「4つの比較基準」でポジショニングを考える

　商品・サービスの種類、業種などによって、ポジショニングの比較基準はさまざまですが、使用頻度の高い比較基準は【図17-2】の4つです。

　まず、「価格・コスト」。これを気にしない営業先はありませんから、比較基準に使われる頻度が高いのは当然です。ただ、単に額面の高低を比べるだけでは効果的なプレゼンはできません。たとえば、イニシャルコストでは他社より高い場合でも、ランニングコストでは他社を下回ることもあるでしょ

図 17-2 ▶ ポジショニング 4つの比較基準

①価格・コスト	「イニシャルコストでは他社より高いが、ランニングコストでは下回る」など、**比較の切り口**を見つける。
②時間・期間	「どこよりも**早く**納品可能」「必要なときに**迅速に**対応する」などの優位性を示す。
③利便性	複数の機能上の優位性から、**相手のニーズ**に合うポイントを抽出する。
④顧客アンケート	アンケート調査をもとに「好感度No.1」「顧客満足度トップ」といった優位性を示す。**「No.1」**以外は効果が薄い。

う。もしも、他社がイニシャルコストの安さを「売り」にしているようであれば、こちらはランニングコストの安さを全面に打ち出して、「5年間の総額では当社に優位性がある」などと打ち出すと効果的です。

あるいは、「デジカタ」の場合、一括更新できないC社が低コストを「売り」にしているようであれば、個々の営業担当者が更新する時間コストを打ち出すことで優位性を示すことができるかもしれません。このように、表面的な「価格・コスト」にとどまるのではなく、ライバルを意識しながら、営業先の心に刺さる切り口を見出すことが重要です。

相手のニーズに合わせて「優位性」を選ぶ

第2に「時間・期間」。これは、納期や工事期間の短さなどをアピールする切り口です。近年は、スピードが求められる傾向が強まっていますから、「どこよりも早く納品可能」「必要なときに迅速に対応する」などの優位性を示す

第3章 「2.5秒」でわかるグラフのつくり方　95

と非常に効果的です。

　第3に「利便性」。これは、商品・サービスの機能（特徴）による優位性です。ここでの最大のポイントは、営業先のニーズをしっかりと把握すること。いくつもの機能上の優位性があるはずですから、相手のニーズに合うポイントを抽出する必要があります。

　第4に「顧客アンケート」。取引先や消費者に対するアンケート調査をもとに「好感度No.1」「顧客満足度トップ」といった優位性を示したり、購買データを根拠に「リピート率No.1」「女性の支持No.1」などと謳うのも効果的でしょう。ここでのポイントは、「No.1」を探すこと。No.2以下では、営業先への説得力が大幅に減退します。「業界シェアNo.1」でなければ、「女性ユーザーでシェアNo.1」。「女性ユーザーでシェアNo.1」でなければ、「20代女性でシェアNo.1」というように、調査項目を絞り込んででも「No.1」を見つけ出すようにしてください。

❀ 自社のポジションは「グラフ右上」に配置する

　比較基準が決まれば、ポジショニング・グラフに落とし込みます。

　ポジショニング・グラフはスライド全体に貼り付けるようにしてください。4象限に分かれたグラフですから、右側にキーメッセージを置くために、左半分に収めようとすると非常に見にくいグラフになってしまうからです。

　そして、必ず自社のポジションを、グラフの右上に置くようにしてください。右上の位置は、見る人に「右肩上がり」「上位」をイメージさせるポジションですから、ビジュアル的にも「優位性」を訴求できるわけです。

　もちろん、ポジショニング・グラフにおける競合との位置関係は根拠をもっておかなければなりません。「なんとなく並べました」では、聞き手は納得してくれません。必ず、何らかの根拠（データ）をアペンディックスにもっておき、いつでも営業先に示せるようにしてください。

　なお、他社の名称や他社の商品名は伏せておいたほうがいいでしょう。名称を出せばインパクトはありますが、その営業先には競合も営業をかけていますから、不用意なことをするとクレームが入るおそれがあるためです。

第4章

ビジュアルで「最強スライド」をつくる

使用するビジュアルは、聞き手の「目線」で選ぶ

写真は「全画面」が基本

　社外プレゼンは、聞き手の感情に訴えかけなければなりません。

　そのためには、論理的思考を得意とする左脳だけではなく、直感的に物事を把握することに長けた右脳を刺激するスライドをつくる必要があります。そして、右脳を刺激するのは写真などのビジュアル。これをいかに上手に活用するかによって、社外プレゼンの効果には雲泥の差が生まれるのです。

　まず重要なのは、できるだけ写真を大きく使うこと。【図18-1】をご覧いただければ一目瞭然ですが、同じ写真でも大きく表示したほうが、明らかに強

図 18-1　写真は全画面表示でインパクトが生まれる

いインパクトを与えます。ですから、スライド全面に写真を表示するのを基本とするようにしてください（写真の構図その他の理由で、全画面表示ができない場合は「画像＝左」「メッセージ＝右」）。そして、画像の上下左右に余白ができると、それだけで迫力がなくなりますから、必ずスライドの四囲で断ち落としになるようにしてください。

「相手」が違えば、効果的な「写真」も違う

　もちろん、最も重要なのは「どのような写真」を使うか、ということです。
　これは、商品・サービスによって千差万別ですから、一般論としては語りえないことですが、１つだけ、絶対にはずしてはいけないポイントがあります。それは、聞き手の「目線」を意識するということです。
　【図18-2】をご覧ください。これは、家事代行サービスの社外プレゼン資料を想定してつくった「つかみスライド」。想定する聞き手は、専業主婦を中心

図18-2　家事の担い手を対象とした「つかみスライド」

とした家事の担い手の方々です。お気づきのように、洗濯物を干す人の「目線」の写真を使っています。そうすることによって、家事の担い手の方々から、「そうそう、洗濯物を干すのって面倒くさいんだよね」という共感を得ることができるからです。

しかし、同じ家事代行サービスでも、あまり家事をしない年配男性などを対象にプレゼンする場合には、この写真では実感がわかないでしょう。そこで、私ならば【図18-3】のような写真を使います。家事をしない男性でも、洗濯物をたたむ人の姿に何らかの思いを日々感じていらっしゃるはずですから、この写真を見せることで、「毎日、たいへんだよな。負担をかけてるな……」といった感情をもってくれるに違いありません。その感情をもっていただけたら、「なるほど、家事代行サービスで妻の負担を減らすことができる」とプレゼンに共感をしてもらえる可能性が高まるわけです。

このように、プレゼンをする相手によって、違う写真を使用する意識をも

図 18-3　家事をしない男性を対象とした「つかみスライド」

つことはきわめて重要なポイントです。写真を使うことによって期待しているのは、相手の感情を惹きつけること。共感してもらうことです。そのためには、相手の「目」に映っている風景を見せることが大切です。

　ですから、社外プレゼン資料を作成するときには、とことん相手の「目線」を想像し尽くすことが不可欠です。「相手の人には、どんな風景が見えているか？」「その風景にどんな気持ちを抱いているのか？」。それを徹底的に考えるのです。そして、彼らに見えている風景がまざまざと脳裏に映り、彼らの感情が手に取るようにわかったときに、はじめて、本当に相手の心に深く訴えるプレゼン資料をつくることができるのです。

必ず「1000px×1000px」以上の画質を使う

　なお、写真は必ず高画質のものを使うようにしてください。画質の悪い写真を使うとプレゼンを台無しにしかねないからです。粗い画質の写真は、見る人に不快感を与えます。プレゼンそのものが、ヤッツケでつくった安っぽいものという印象を与えかねないのです。

　逆に、高画質でリアリティのある写真を使えば、見た目の印象も鮮烈でインパクトがあるうえに、丁寧につくり込まれた信頼できる資料だと認識されやすくなるでしょう。ですから、写真などの画像を使う際には、必ず「1000px×1000px」以上の画質のものを使用するようにしてください。このサイズの画質であれば、全画面表示にも十分に耐えられます。

　また、プレゼン資料ではイラストの使用は極力避けてください。イラストを使うとどうしても幼稚でチープに見えてしまいます。できる限り、リアリティのある写真だけを使うようにしてください。

第4章　ビジュアルで「最強スライド」をつくる

Lesson 19 ポジティブ・スライドは「カラー」、ネガティブ・スライドは「モノクロ」

「モノクロ写真→カラー写真」で全体を構成する

　写真のカラー選択は、聞き手の感情を動かすうえで重要なポイントです。

　まず第1に押さえておくべきなのは、ポジティブ・メッセージを伝えるスライドでは「カラー写真」を使い、ネガティブ・メッセージを伝えるスライドでは「モノクロ写真」を使うということです。

　Lesson 12でご説明したように、ポジティブ・スライドは「カラー写真＋ゴシック＋青字」、ネガティブ・スライドは「モノクロ写真＋明朝＋赤字」という組み合わせが基本となります（図19-1）。

図19-1　「カラー写真＋青ゴシック」と「モノクロ写真＋赤明朝」

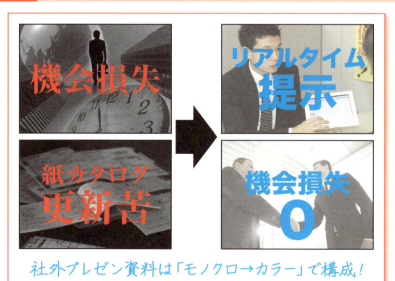

102

重要なのは、社外プレゼン資料は、基本的に「モノクロ写真→カラー写真」と移行していくこと。Lesson 4で示した「デジカタ」の営業プレゼン資料を、もう一度見返してください（図4-3）。聞き手の課題を示すイントロでは「モノクロ写真」を多用し、相手の「不満」や「不安」などの感情を刺激します。そのうえで、その課題を解決する「デジカタ」の魅力を訴えるボディ部分では「カラー写真」を多用します。「ネガティブ→ポジティブ」という社外プレゼンの基本構造を、写真のカラー選択にも反映させるわけです。

「セピア色」で深い感情を表現する

　プレゼン資料の基本は「カラー写真」と「モノクロ写真」ですが、写真を「セピア色」に彩色すると効果的な場合もあります。「セピア色」をうまく使えば、聞き手に伝える感情を深める効果があるのです。
　【図19-2】をご覧ください。これは、私のプレゼン教室の生徒さんのつくっ

図 19-2　セピア色の写真で感情を深める

アニメーションで徐々にセピア色に変えると効果的！

た社外プレゼン資料です。

　この方は、愛する人の遺骨でダイヤモンドをつくる会社に勤めていらっしゃいます。そのイントロ部分で、まず①のモノクロ・スライドで「あなたの大切な人がもし、亡くなったら……」と表示。その後、アニメーション機能を使って、徐々にセピア色のスライドに切り替えたうえで、「もう一度、逢いたい」というキーメッセージを表示するという構成です（アニメーション機能についてはLesson 27参照）。

　まるで、映画のワンシーンを観ているようですね。多くを語らなくても、たった2枚のスライドで、聞き手をプレゼンの世界観にグッと引き込むことに成功していると思います。このあと、遺骨をダイヤモンドにすれば、「もう一度逢える。しかも、指にはめていれば、ずっと一緒にいることができる」というプレゼンをすれば、多くの人の心に刺さるに違いありません。

　あるいは、【図19-3】のように、セピア色で「時間の経過」を表現すること

図 19-3　セピア色の写真で「時間の経過」を表現する

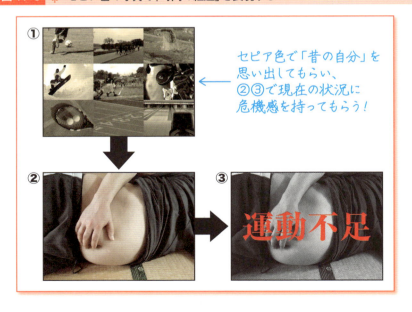

もできます。

　これは、ダイエット商品の社外プレゼン資料のイントロ部分。①のセピア色のスライドには、若いころに打ち込んだスポーツをイメージさせる写真を並べています（多画像効果についてはLesson 22参照）。口頭で「若いころ、皆さんはいろんなスポーツを楽しんだはずです」と伝えて、それぞれ当時のことを思い出してもらいます。そのうえで、②の体重が増えた現在を示すカラー・スライドを示します。さらに、アニメーション機能を使って徐々にカラーからモノクロへ移行したうえで、「運動不足」というネガティブ・メッセージを打ち出すわけです。

　このように「セピア色→カラー（モノクロ）」に移行することで、「過去→現在」へと時間の経過を示すことができます。そして、「昔に戻りたい」といった感情を刺激するという仕掛けです。

　このように、写真のカラー選択によって、プレゼン資料の表現力は格段に高まります。ぜひ、皆さんにも工夫をしていただきたいと思います。

Lesson 20 「編集技術」で ビジュアルを最大限に活かす

●「トリミング機能」でキーメッセージを見せる

　効果的なスライドをつくるためには、写真を加工する技術を身につける必要があります。Powerpointでは「トリミング」、Keynoteでは「マスク」と呼ばれる機能です。双方とも、写真を「切り取る」ときに使います。

　たとえば、【図20-1】の写真を全画面表示したいとします。しかし、「4：3」のサイズであればピッタリとはまりますが、「16：9」のサイズだと左右に余白が生じてしまいます。このような場合には、写真を「16：9」のサイズに切り取り、拡大表示する必要があります。

図 20-1 ▶ スライドサイズに合わせてトリミングする

← 赤ラインでトリミングする！

あるいは、写真の構図そのままだとキーメッセージをうまく配置できないケースもあります。この場合にも、キーメッセージを乗せるスペースをつくるために、「トリミング」「マスク」の機能を使って写真を加工するといいでしょう。
　そのほかにも、「写真の一部だけを表示したい」「商品の隣に写っている余分なものをカットしたい」「この人物の手元だけを使いたい」など、さまざまな局面でこの機能は重宝しますので、ぜひマスターしていただきたいと思います。

「背景の削除」でメッセージ性を強める

　また、写真のなかの人物や商品だけを切り抜いて使いたい場合もあります。たとえば、【図20-2】のように、グラフにワンポイントの写真を添えることで、「ビールの売上が伸びている」とスライドの視認性を高めることができます。

図 20-2　「背景の削除」の使い方 ①

このようなときには「背景」をカットして、ビールだけを大きく表示したほうが効果的。そこで使うのがPowerpointの「背景の削除」、Keynoteの「インスタントアルファ（アルファ編集）」です。

この機能を使って、スライドの表現力を高めることもできます。【図20-3】をご覧ください。背景が白のままの①よりも、背景にブルーを敷いた②のほうが、より明るく未来に向かうようなイメージがあります。このスライドは、人物の部分だけを切り抜いて、背景にカラーリングを施す手順でつくります。非常に効果的なので、ぜひ試していただきたいと思います。

これらの機能をうまく使うために、素材用の写真をご自分で撮影される場合に注意していただきたい点があります。まず第1に、背景がゴチャゴチャしていると扱いづらいので、なるべく周りに何もない場所で撮影するようにしてください。

特にお薦めなのが、白い壁の前で撮影すること。「アルファ編集＆背景の削

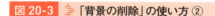
図 20-3　「背景の削除」の使い方 ②

除」がしやすくなるためです。ただし、人物が白い服を着ていると「アルフ
ァ編集＆背景の削除」で背景と一緒に服も"飛んで"しまうので、色味のあ
る上着を着てもらうといいでしょう。

　なお、写真の素材を購入する場合には、次の４つのサイトがお薦めです。

〈素材購入のお薦めサイト〉
●Thinkstock：http://www.thinkstockphotos.jp
●iStock.：http://www.istockphoto.com/jp
●PIXTA：https://pixta.jp
●写真AC：http://photo-ac.com

Lesson 21 「透過機能」で写真にキーメッセージを乗せる

「写真」も「キーメッセージ」も見せる技術

　社外プレゼン資料では、写真を全画面表示するのがお薦めです。ただ、【図21-1】の①のように、写真のうえにキーメッセージを重ねて表示すると、文字が見えにくくなるという問題があります。そんなときに重宝するのが、「透過」という機能。【図21-1】の②のスライドのように、写真の上にうっすらと色をかぶせるわけです。

　Powerpointでは「図形の書式設定」から「塗りつぶし（図またはテクスチャ）」を選び、「透明度」というスライダーを動かして適度な濃度にします。

図 21-1 「透過機能」で写真にキーメッセージを乗せる

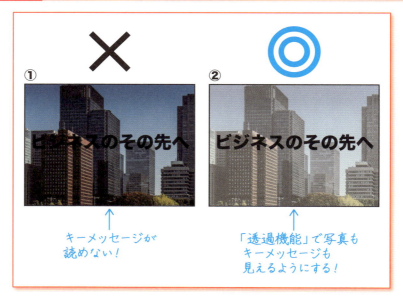

110

Keynoteでは、写真を選択した後、「フォーマット」の「スタイル」の最下部にある「不透明度」というスライダーを動かして適度な濃度にします。もしくは、写真の上に半透明の色を重ねる処理をします。重ねる色は、写真のメインカラー、もしくは白か黒。これらのうち1色を選択して、透明度を調節すると写真が透けて見えるようになります。どちらもすぐに使いこなせる簡単な機能ですから、ぜひマスターしていただきたいと思います。

「帯透過」でパワースライドをつくる

　また、【図21-2】のように、透過機能を使って写真の一部に帯を敷き、そのうえにキーメッセージを乗せるのも効果的です。帯以外の部分は原画に編集を加えず、帯の部分のみ高濃度の透過機能をかければOK。こうすれば、写真も鮮明に見えますし、キーメッセージの可読性も高まり、インパクトの強いスライドにすることができます。

図 21-2　「帯透過」でパワースライドをつくる

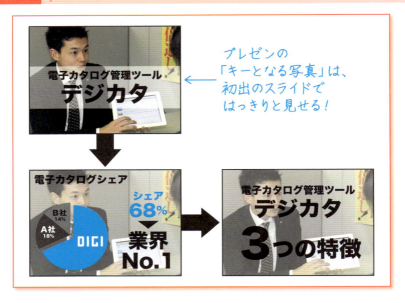

図21-3 ▶ 初出の「キー写真」は「帯透過」で見せる

　ただし、あまり頻発すると落ち着きのないプレゼン資料になりますので、「ここぞ」というスライドで活用するといいでしょう。私がよくやるのは、プレゼン資料のなかで何度も使用する「キーとなる写真」を初めて表示するスライドにおいて、この「帯透過」を施す手法です。

　【図21-3】をご覧ください。これは、Lesson 4でお示しした「デジカタ」の営業プレゼン資料の一部です。ここで、「キーとなる写真」として選んだのは、「電子カタログ」でプレゼンしているビジネスマンの写真。「どんな商品なのか」が一目でわかるので、それを繰り返し示すことで「デジカタ」という商品を印象づけたいと考えたわけです。

　そして、この写真を最初に使うスライドにおいて「帯透過」を使用。ここで、写真をはっきりと見せておけば、それ以降のスライドでは全画面透過を施しても、「あの写真だな」と無意識的に想起してもらえます。これは非常に効果的な透過機能の使い方ですので、ぜひご活用いただければと思います。

112

Lesson 22 「多画像効果」で、多くの人の共感を得る

●「多画像スライド」はエンディングに最適

　1枚のスライドに1枚の写真を使うのが基本ですが、要所要所で多くの写真を使ったスライドを挟むのも効果的です。ケース・バイ・ケースですが、3〜5分のプレゼン（30〜50枚）であれば1〜2枚が上限と考えていただければいいと思います。

　私は、これを「多画像効果」と呼んでいますが、大きく2つの効果が期待できます。まず第1に、スライドにインパクトが生まれます。【図22-1】をご覧ください。これは、Lesson 4でお示しした「デジカタ」のエンディング・

図 22-1　多画像で表現力を高める

エンディングは表現力豊かな「多画像」で決める！

第4章　ビジュアルで「最強スライド」をつくる

スライド。商品に込めた「最先端のITで未来を制する」という「念い」をキーメッセージで伝えるとともに、写真によって「デジカタを導入すれば、笑顔が溢れる未来が生まれる」ことを表現しているわけです。①と②を見比べれば、多画像を使った②のほうが表現力が豊かで、誰もがインパクトを感じるはずです。

　ちなみに、私は、エンディングのほとんどを「多画像スライド」にしています。社外プレゼンは、お客様の課題を解決して、明るい未来を提案するものですから、そのほとんどはハッピーエンドとなります。そして、ハッピーエンドを最も効果的に演出するのが、「みんなが笑顔になっている様子」だからです。そこに、企業理念や商品に込めた「念い」をキーメッセージとして表示すれば、よい余韻を与えるとともに、説得力を生み出すことに繋がると思います。

　ぜひ、皆さんも、お客様が笑顔になっている姿を想像しながら、多画像のエンディング・スライドをつくってください。きっと、素晴らしい効果を生むはずです。

「多画像」で幅広い人に訴える

　第2に、多画像にすることによって、幅広い人にアピールすることができます。【図22-2】は、旅行代理店が「台湾旅行」をPRするときの社外プレゼン資料。写真1枚の①よりも、多画像の②のほうが多くの人の興味を惹くに違いありません。なぜなら、お客様が旅行に求めるものは多様だからです。ある人は「食」に興味があり、ある人は「観光」に興味があります。だから、台湾の魅力を多角的に示したほうが、より多くのお客様の興味を惹きつけることができるわけです。

　また、116ページの【図22-3】は、Lesson 19の【図19-3】でお示しした多画像スライドです。これも、イントロ部分で、できるだけ多くの聴衆に「自分事」に感じてもらう効果を狙ったもの。口頭で「若いころ、皆さんはいろ

図 22-2　多画像で幅広い人に訴求する ①

んなスポーツを楽しんだはずです」と言いながら、このスライドを示すわけですが、もちろん、人それぞれ若いころに楽しんだスポーツは異なります。であれば、「サッカー」「陸上」「水泳」「スノーボード」「野球」など、できるだけ多くのスポーツの写真を見せたほうが得策。サッカーをやっていた人は、サッカーの写真で当時の記憶を思い出すでしょうし、野球の人は野球の写真に反応するはずだからです。

　このように、聞き手は、自分の経験や趣味嗜好、願望や不安にマッチする写真に強く反応します。そして、それがフックとなって、プレゼンへの興味や共感が生み出されます。「多画像効果」を上手に生かせば、それだけ多くの人にとって意味のあるプレゼンにすることができるのです。

　ただし、たくさん写真を並べればいいというわけではありません。
　たとえば、【図22-1】のように笑顔をたくさん並べる多画像スライドの場合に、「かっこいいから」「写真の構図がいいから」などといった理由で、外国

第4章　ビジュアルで「最強スライド」をつくる　115

図 22-3　多画像で幅広い人に訴求する ②

人の写真やモデル写真を並べても効果は見込めません。

　なぜなら、人間は、自分と年齢やライフスタイルの近い人の写真に目がとまり、共感を覚えやすいからです。日本人向けのプレゼンで外国人の写真を見せても、「自分とは関係ない」と思われるだけですし、日本人であってもモデル写真であれば、なんとなくウソっぽく感じられてしまいます。

　ですから、必ず、聞き手に親近感をもってもらえる写真で構成するようにしてください。身近な人やお客様にお願いして、自分で撮影した写真を使うのが最も効果的でしょう。

第5章

100％結果を出すプレゼン資料の「秘密」

「1枚目」のスライドで心をつかむ方法

 「30秒以内」に共感を生み出す

　社外プレゼンは「つかみ」が命――。
　プレゼン冒頭で、相手を惹きつけられなければ、ほぼ100％結果を出すことはできません。少人数が向かい合う営業プレゼンであれば、礼儀上、最後まで付き合ってはくれるでしょうが、身を入れて聞いてはくれません。多数の参加者を相手にする説明会プレゼンでは、まったく聞いてくれない人も出てきます。なかには、スマホをいじり始めたり、寝始める人もいるでしょう。
　だから、1枚目の「つかみスライド」で相手を惹きつけることに知恵を絞らなければなりません。そして、開始30秒以内には、「そうそう、それが問題なんだよ」などと共感してもらう。これができるだけで、プレゼンの成果は大きく違ってくるでしょう。

　では、そのためには、どうすればいいか？
　これにも「型」があります。さまざまなバリエーションがありますが、最も効果的なのは「数字」と「質問」。この2つで、相手の心を惹きつける「型」をマスターするといいでしょう（図23-1）。
　まず、人間には文字よりも数字に反応する習性があります。皆さんもそうだと思います。「売上倍増」と「売上2倍」。パッと見た瞬間、どちらに反応しますか？　「売上2倍」のほうに目がいくはずです。
　また、数字がもつ具体性も強い印象を与えます。たとえば、「情報漏洩のリスク大」と言うよりも、「情報漏洩の賠償200億円」と数字が入ったほうがギョッとしますよね？　このように、数字によってリアリティと迫力が生まれるのです。この数字の力を、「つかみスライド」で使わない手はありません。
　また、「質問」も効果的です。当たり前のことですが、誰でも質問をされれ

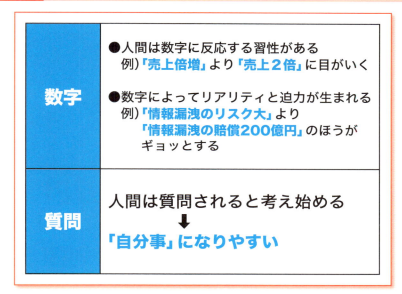

ば考え始めます。単に話を聞くという受動的な姿勢から、自分の頭で考えるという主体的な姿勢が生まれるのです。その結果、プレゼンを「自分事」として考えてもらいやすくなるわけです。

「数字×質問」が最強のイントロ

【図23-2】をご覧ください。これは、Lesson 4でお示しした「デジカタ」営業プレゼン資料のイントロ部分。このイントロでは、数字と質問を掛け合わせています。

　まず、冒頭で「5000万」という数字だけを表示したスライドを示すとともに、口頭で「何の数字だと思いますか？」と質問をします。すると、聞き手は「なんだろう？」と考え始めます。相手が「思考モード」に切り替わったタイミングで、次のスライドを表示。「１年間　紙カタログコスト」という答えを示すことによって、相手の感情を揺さぶります。「紙カタログにそんなに

図23-2 「数字×質問」のつかみスライド

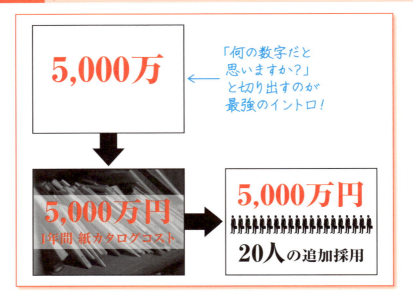

お金がかかってるのか……」と危機感をもってもらうことを狙っているわけです。

　さらに、3枚目の「5000万円で20人の追加採用」というスライドでたたみかけます。このスライドを見れば、誰だって「カタログに5000万円をかけるくらいなら、営業戦力を充実させたほうが売上は上がる」と直感するでしょう。そこに、「売上を上げたい」という願望が生まれるわけです。このように感情を刺激することができれば、プレゼンを聞く姿勢が前のめりになってくるはずです。

　私は、この「数字×質問」が最強のイントロだと考えています。これまでつくった社外プレゼン資料の8割以上は、この「型」でつくっていると思います。非常に強力な「型」ですので、ぜひマスターしてください。

　また、「質問」だけで、イントロをつくることもできます。
【図23-3】をご覧ください。これは、ショップ・ビジネスの経営指導をする

コンサルタントのプレゼン資料。2つのショップの外観写真を並べて、「どちらのショップの売上がいいと思いますか？」と質問を投げかけるわけです。ショップ経営者であれば、この質問には必ず反応します。このように、相手の興味・関心に応じた質問を繰り出せば、一瞬でプレゼンに惹き込むことができるでしょう。

「感情」から逆算して「数字」「質問」を決める

　ただし、単に相手の興味をひく「数字」「質問」であれば、何でもいいわけではありません。イントロの目的は、相手の課題を明確にすること。そして、その課題にまつわる「感情」を刺激することです。だから、この目的から逆算して「数字」「質問」を考える必要があります。

　「デジカタ」の場合はシンプルです。「紙カタログによる高コスト」という課

図 23-3　「質問」だけのつかみスライド

どちらの店の売上が高い？

第5章　100%結果を出すプレゼン資料の「秘密」

題に対して、「もったいない」という不満や、「もっと効果的にお金を使いたい」という願望を持ってもらうのがイントロのゴール。ですから、冒頭で「5000万」というコストの数字を打ち出せばいいわけです。

では、Lesson 18で取り上げた、家事代行サービスのプレゼンの場合は、どのような「数字」「質問」が効果的でしょうか？　ここで刺激したい感情は「家事をこなすのは苦痛だな」「家事から解放されたいな」といった感情です。その感情にスムースに導くような「数字」「質問」は何か？

私なら、「生涯洗濯時間」という概念を打ち出すでしょう。たとえば、ある研究所の調査によると、一生涯のうち洗濯に費やす総合計時間が「約2年」だったとします。これは、かなりインパクトのある数字です。そこで、【図23-4】のようなスライドをつくるといいでしょう。

まず、「2」という数字だけを表示しながら、「これ、何だと思いますか？」と質問をします。そして、2枚目のスライドで「これは、生涯で洗濯に費や

図 23-4　聞き手の「感情」から逆算してスライドをつくる

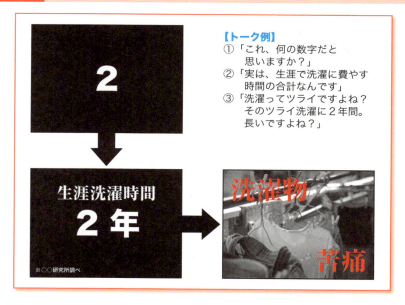

す時間の合計なんです」と伝えれば、まず、その意外性に驚くはずです。そこですかさず、3枚目のスライドを示せば、「一生のうち2年もつらい洗濯をするのか」といった不満や、「洗濯に費やす時間を減らしたい」という願望が、強烈に沸き起こってくるはずです。

　このように、「感情」から逆算して「数字」「質問」を考えると、非常に効果的なイントロをつくることができるでしょう。これに成功すると、聞き手の反応が劇的によくなることを実感されるはずです。ぜひ、知恵を絞っていただきたいと思います。

Lesson 24 3つのパターンで「信頼」を得る

「実績」「客観的根拠」「誠意」

Lesson 23では、イントロの「型」をご説明しました。

イントロで「共感」を得たら、次に相手の「信頼」を勝ち取らなければなりません。社外プレゼンでは、聞き手は基本的に「信用していいのか？」と懐疑的なスタンスでいます。その懐疑心を放置したまま、いくら商品・サービスの魅力を伝えても、相手の心には届きません。懐疑心を解いてもらうのが、プレゼンで結果を出す大前提なのです。

そして、信頼を得るにも「型」があります。【図24-1】の3つの「型」です。

図 24-1　信頼に勝ち取る3つの「型」

① 実績	● 商品・サービスの実績 「シェアNo.1」「利用者10万人突破」 「有名企業が導入」など ● 会社の実績 「創業50年の実績」「業界トップブランド」など ● メディア掲載の実績 「テレビで紹介」「新聞で紹介」など
② 客観的根拠	● 科学的根拠 「医学的に効果が証明されている（データ必須）」など ● 著名人の推薦 「著名な医師の推薦コメント」など ● 利用者の声 「利用して得られた具体的なメリット」 「おすすめのポイント」など
③ 誠意	●「念い」に貫かれた資料づくり

まず、「実績」です。

Lesson 4の「デジカタ」の営業プレゼン資料では、「電子カタログシェアNo.1」というスライドを用意しましたが、このような実績を打ち出すことによって「信頼」を勝ち取ることができます。

一口に実績と言っても、さまざまなものがあります。「シェアNo.1」「利用者10万人突破！」などと販売実績を数字で訴求する方法もあれば、取引先の了解を取ることが前提ですが、その商品・サービスを導入した有名企業名（許可を取ったうえで企業ロゴで掲載すると視認性が高く効果的）を掲示することで信頼を勝ち取ることも可能。あるいは、「創業50年の実績」などと会社の信頼性を謳うのも有効です（図24-2 ①）。

また、テレビ・新聞・雑誌などの掲載実績も信頼を勝ち取る材料になります。その場合は、メディアの許可をとったうえで、「放映画面のキャプチャー画像」や「新聞紙面・雑誌誌面の画像」とともに、メディアのロゴを添えると非常に効果的です（図24-2 ②）。

図24-2 「実績」を訴えるスライド

第5章　100%結果を出すプレゼン資料の「秘密」

「科学的根拠」を示すのが王道

次に「客観的根拠」。これも、「信頼」を生み出す重要な要素です。

科学的根拠を打ち出すのが王道。ダイエット商品であれば「医学的に効果が証明されている（データ必須）」といった科学的根拠を明示すると信頼を得ることができますし、さらに、著名な医師の推薦コメントをスライド化できれば強力です。また、「利用者の声」も「信頼」を勝ち取る重要な要素ですが、これについてはLesson 25で詳しくご説明します。

そして、最後に「誠意」。プレゼンターの人間性や企業の姿勢に「誠意」があると思ってもらうことが、信頼に直結します。これは、普段の立ち居振る舞いや企業活動のあり方に左右されるものですが、Lesson 7でご説明した「念い」に貫かれた資料であるかどうかによっても、聞き手には伝わります。また、「5年保証」「効果がなければ返金します」などというスライドを用意することで「誠意」を示すこともできるでしょう。

なお、状況によって「信頼」を得るスライドは異なりますので、ご注意ください。たとえば、「創業50年」など会社の実績を伝えるスライドは、説明会プレゼン以外で使うことは、ほぼないでしょう。なぜなら、新規の営業先であれば、プレゼンに入る前にパンフレットで会社説明をするはずですし（会社説明はスライドではなく紙ベースのほうが信頼感を得られます）、すでに取引のある営業先にわざわざ会社の実績を伝える必要はないからです。

このように、相手によって、あるいは状況によって、適したスライドを使うように心がけてください。

Lesson 25 「利用者の動画」は、最強のコンテンツ

 「利用者の声」で信頼を得る

　社外プレゼンでは、聞き手の「納得」を勝ち取ることが重要。そのために、Lesson 4でご説明したように、「機能（特徴）」「メリット（効用）」「未来像」を次々に打ち出していきます。ただ、一方的に自社商品・サービスの魅力を訴えるだけでは説得力が生まれません。そこで重要なのが「利用者の声」。実際に、その商品・サービスを利用した人のコメントを紹介することで、自社の主張を信頼してもらいやすくなるからです。
　【図25-1】をご覧ください。これは、Lesson 4でお示しした「デジカタ」の

図 25-1 「利用者の声」を表示したスライド

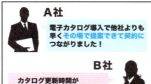

第5章　100%結果を出すプレゼン資料の「秘密」　127

営業プレゼン資料に挿入するためにつくった「利用者の声」のスライドです。「更新作業０」「機会損失０」というメリットに対応した「利用者の声」ですので、【図4-3】の「ボディ・スライド⑪」のスライドの後に挿入。「デジカタ導入事例」というスライドに続けて、「利用者の声」をまとめたスライドを表示します（掲載許可は必須）。

　ここでは、人物のシルエットにしていますが、先方企業・担当者の許可を得られればバストアップの写真を掲載したほうが効果的です。また、コメントの分量はできるだけ減らして、読みやすくするようにしてください。そのうえで、「その場で提案」「更新作業から解放」など、聞き手にインプットしたいキーワードを青でカラーリングすると効果的でしょう。

⏩「動画」でプレゼンにアクセントをつける

　ただ、「利用者の声」は写真とテキストで見せるよりも、動画で見せたほうが圧倒的に効果的。私は、利用者の皆さんにお願いをして動画を撮影させていただき、できるだけ動画で「利用者の声」を伝えるようにしていました。
　動画を使う効果は、主に２つ。
　まず、情報量を格段に増やすことができます。
　情報量は「テキスト＜写真＜動画」という順に増えます。動画であれば、利用者の表情の動きや声音などの「感情」をダイレクトに伝えることができますから、共感してもらいやすくなります。あるいは、商品・サービスの利用方法を言葉と写真だけで伝えるのは難しいものですが、動画であれば一瞬でわかってもらえるでしょう。それだけ、聞き手に強い印象を残すのです。
　また、プレゼンにアクセントをつける効果もあります。
　一方的に話し続けると、どうしても一本調子になりますが、プレゼンの途中で、「ではここで、利用者の声をお聞きください」と伝えたうえで、動画を流せば聞き手は気持ちを切り替えてくださいます。要するに、"飽き"がこないわけです。特に、プレゼン時間の長い説明会で効果的なテクニックと言えるでしょう。

「20〜30秒の動画」を1か所だけ入れる

通常の社外プレゼンであれば、凝った動画にする必要はありません。

過剰な演出をすると、かえってリアリティが失われて、聞き手の信頼を獲得しづらくなるからです。ですから、私は、よほどのプレゼンでなければ、自分で動画をつくっていました。いまは、スマートフォンやデジタルカメラで簡単に動画を撮影できる時代。動画の編集ソフトも使いやすくなってきましたから、シンプルな動画であれば、素人でも十分につくることができます。

また、インタビューに応じてくれるお客様にも、普段どおりの格好で撮影に応じていただきます。日ごろ作業着で機械に向かっている人にスーツを着ていただく必要はありません。大事なのはリアリティだからです。

上手に話していただく必要もありません。自然体がベスト。話をしながら思わず出た笑顔にこそインパクトがありますし、たどたどしく話す姿からしか伝わってこないものもあります。

そして、動画は「20〜30秒」で見せます。

テレビCM1本分くらいのイメージです。それ以上長くなると、飽きてくるからです。ですから、3人分の「利用者の声」を、コンパクトに編集して繋げるのがちょうどいいでしょう。

また、1回のプレゼンで1本の動画が基本。3〜5分のプレゼンでも1時間の説明会でも、「ここぞ！」というところにワンポイントで動画を挿入するからこそ聞き手の印象に残ります。何回も動画を出すと、プレゼンそのものが散漫になりますからご注意ください。

Lesson 26 マジックナンバー「3」を使いこなす

「3」には不思議な力がある

「3」はマジックナンバーと呼ばれます。

「三種の神器」「朝起きは三文の徳」「三人寄れば文殊の知恵」など、「3」という数字を使った言葉はやまのようにあります。「上中下」「松竹梅」「金銀銅」など、ランク付けも3つに分けるものが多いですね。

企業名にも「3」は多く見られます。「NEC」「ANA」「IBM」などアルファベット3文字の企業名も多いですし、「トヨタ」「ホンダ」「ドコモ」など3文字の企業名もたくさんあります。

あるいは、3ワードのメッセージには、人々に強く訴えるものがあります。オバマ大統領の"Yes, we can."というキャッチコピーや、ビートルズの"Let it be"など枚挙に暇がありません。覚えやすいですし、語感がいいから多くの人が口にしたくなるために、言葉が伝播しやすいのでしょう。

このように、古今東西を問わず、「3」という数字には、人間に訴えかける不思議な力があります。

この「マジックナンバー3」は、社外プレゼンでも有効です。

【図4-3】を見返してください。「デジカタ3つの特徴」と明示したスライドがすぐに目につくはずです。

さらに、よくご覧いただければ、それ以外のパーツでも「3」を意識していることをご理解いただけるはずです。イントロでは「紙カタログで5000万円のコスト」「機会損失」「更新苦」の3つの課題を提示し、それに対応する形で、ボディでは「コスト1/10」「更新作業0」「機会損失0」という3つのメリットを示しています。このように、私は、常に「3」を意識しながらプレゼン資料をつくっているのです。

なぜか？

伝える内容を3つにしたほうが、わかりやすいし、記憶にも残りやすいからです。人間は、与えられたテーマが3つを超えると、とたんに理解のスピードと正確性が落ちることが科学的にも実証されているのです。

 ## 伝える内容は「3つ」に絞る

実際に見比べてください。

【図26-1】は、「デジカタ」の特徴を5つ列記したスライドと、3つ列挙したスライドを並べたものです。どちらのほうが、頭にスッと入ってくるでしょうか？ 明らかに、3つのほうだと思います。

さらに、このスライドのあと、5つのテーマについてそれぞれ説明を受けるのも、ちょっと面倒臭く感じないでしょうか？ しかも、その内容を覚えるのも手間に感じるはずです。

図26-1 伝える内容は「3つ」に絞る

プレゼンではついつい「少しでも多くの情報を伝えたい」と思ってしまいがちですが、その結果、内容が記憶に残らないのでは意味がありません。逆に、「1つ」か「2つ」だとシンプルではありますが、今度は物足りなく感じられてしまいます。だから、伝えるべき内容はできるだけ「3つ」にするようにしてください（もちろん、無理をする必要はありませんが……）。

「3つのポイント」は連打して記憶に刻む

そして、「3つのポイント」は連打するようにスライドを構成するといいでしょう。【図26-2】をご覧ください。これは、【図26-1】の「デジカタ3つの特徴」のスライドの後のスライド構成を示したものです。

1枚目のスライドを示しながら、「デジカタの特徴は、『簡単』『わかりやすい』『安心』の3つです。まず、『簡単』からご説明します」と口頭で伝えたうえで、2枚目のスライドを表示。2枚目のスライドの説明が終わったら、3枚目で再び「3つのポイント」を示します。そして、「次に、『わかりやすい』についてご説明します」と言いながら、4枚目に移るわけです。

このように、「3つのポイント」を連打することによって、聞き手の記憶に刻み込むという仕掛けです。このスライドは「変形」（Powerpoint Office365から）か「マジックムーブ」（Keynote）というアニメーション機能を使うと、より効果的なのですが、それについてはLesson 27で詳しくご説明いたします。

なお、どうしても多くのポイントを示さなければならないときもありますが、その場合に、気を付けていただきたいことがあります。【図26-3】の①のように、1枚ですべての項目を見せるスライドをときどき見かけますが、これはNG。ほぼ100％、聞き手は途中で興味を失ってしまうでしょう。

なぜなら、聞き手は画面の文章を全部読んでしまうので、「ネタバレ」した状態でプレゼンをすることになるからです。「3つのポイント」であれば興味を失わずに聞いてくれるかもしれませんが、「3つ」を超えるとダレてきます。

そこで、【図26-3】の②のように各項目をボックス化して、その内容を隠す

図 26-2 「3つのポイント」を連打して記憶に刻み込む

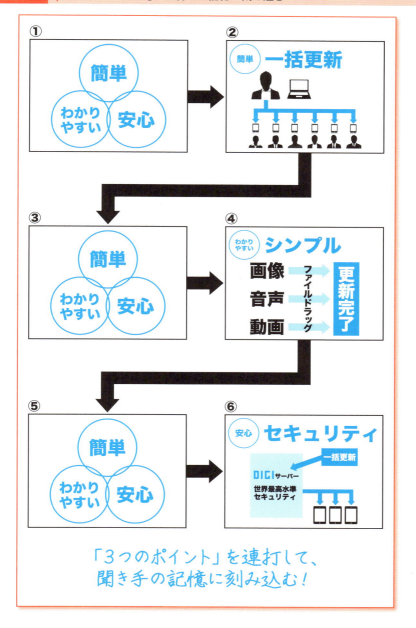

図 26-3　「ワクワク感」をつなぎとめるスライド

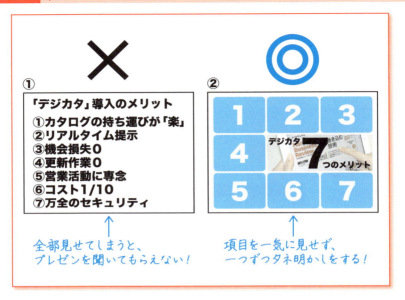

といいでしょう。そして、「では、まず1つ目の特徴からご説明します」と言いながら、1つずつ種明かしをしていくイメージです。このようにすれば、「次は何だろう？」とワクワク感をつなぎとめることができます。

アニメーションを多用して「感情」を刺激する

 アニメーションは要所で効果的に使う

　プレゼン・ソフトには、さまざまなアニメーション機能が搭載されています。社内プレゼンでは、できるだけシンプルなスライドにするために、基本的にアニメーションは使いませんが、社外プレゼンでは、聞き手の興味・関心をつなぎとめるために、視覚的に変化をつけるアニメーションを多用するといいでしょう。

　ただし、過度に使いすぎると散漫なプレゼンになってしまいますので、要所要所で効果的に使うように心がけてください。また、あまり大げさなアニメーションは安っぽく受け取られますので、慣れないうちは、これからご紹介する機能に限定して使用するのをお薦めします。

　最も多用するのは、次のアニメーションです。

〈最も多用するアニメーション〉
● **Powerpoint：フェード**
● **Keynote：ディゾルブ**

　名称は違いますが、この2つは同じアニメーション。アニメーションの設定をかけたテキストや写真が、フワッと表示される機能です。聞き手にインプットしたいテキストや写真を強調するのに効果的なアニメーションです。過度なエフェクトではなく、自然な動きなので使い勝手のよい機能と言えるでしょう。

　Powerpointでは「アニメーション」内の「開始効果」から、Keynoteでは「アニメーション」内の「イン」から選択します。Powerpointにも「ディゾ

ルブ」という機能がありますが、まったく異なるアニメーションなので、ご注意ください。また、デバイスによって、同じ機能でもアニメーションの動きが変わることがあるので、必ず事前テストで確認するようにしてください。

アニメーションで「目線」を確実に誘導する

では、「フェード」「ディゾルブ」をどこで使えば効果的でしょうか？

まず、聞き手の目線を誘導するために使うのが王道です。【図27-1】をご覧ください。これは、Lesson 4でお示しした「デジカタ」の営業プレゼン資料の1枚。「デジカタ」が業界No.1シェアであることを示すスライドです。

まず、グラフのみを表示しながら、「これは、電子カタログのシェアを示すグラフです」と説明。聞き手の目にはグラフしか見えませんから、その理解に集中してもらえます。そのうえで、「シェア68％」というキーメッセージをアニメーションで表示しながら、「『デジカタ』のシェアは68％」と説明。追

図 27-1　目線を誘導するアニメーション

グラフだけ表示

【トーク例】「電子カタログのシェアは、こうなっています」

キーメッセージ①まで表示

【トーク例】「弊社のシェアは68％」

キーメッセージ②まで表示

【トーク例】「業界で圧倒的なトップシェアとなっています」

い打ちをかけるように、「業界No.1」というキーメッセージを表示したうえで、「圧倒的なシェアNo.1です」と口頭でプッシュします。いわば、アニメーションによって、Lesson 16でご紹介した「逆L字」で聞き手の目線を誘導するわけです。このようにアニメーションを施せば、「ネタバレ感」もなく、しかも、聞き手に一つひとつのメッセージを強く印象づけることができます。

「フェード」で映画的な効果を生む

また、【図27-2】のようなスライドでも、「フェード」「ディゾルブ」は効果的です。まず、最初に写真だけを見せます。聞き手はこの写真だけを見るわけですから、自然と「ああ、洗濯物を干すのって面倒くさいよな……」といった感情が生まれるはずです。そのうえで、アニメーションで「洗濯物　苦痛」というキーメッセージを浮かび上がらせながら、「ほんとに、洗濯って面倒くさいですよね？　冬は冷たいですしね……」などと口頭で伝えれば、「そ

図 27-2　アニメーションで「感情」を刺激する

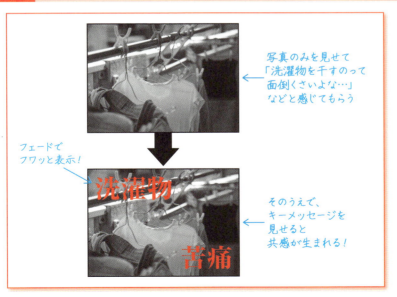

うそう、そうなんだよ」と共感してくれるに違いありません。

あるいは、プレゼン冒頭の演出にも使えます。

【図27-3】をご覧ください。これは、小売店のバイヤーを集めて行う、新年度の商品ラインアップの説明会の冒頭をイメージしたスライドです。まず、真っ黒なスライドを表示。聞き手は「何だ？」と興味をそそられます。そこに、アニメーションでジワッと「2016　始動」とキーメッセージを表示。映画の予告編で使われるようなBGMを流しながら、このような展開をすると「おお、これから何か始まりそうだ！」といった期待感のようなものが生まれます。いわば、「もったいぶる」わけです。

もちろん、これは営業プレゼンでやると大げさになるので逆効果ですが、やや規模の大きい説明会プレゼンでは効果的です。私も講演の前にこのような効果を入れることがあります。

なお、メッセージや写真がフワッと浮かび上がるまでの時間も自由に調節

図 27-3　「期待感」を生むスライド

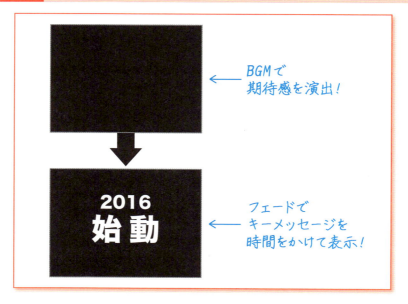

できますので、聞き手の心の動きを推測しながら、どのくらい「もったいぶる」と効果的かを検討するといいでしょう。

「ワイプ」「アンビル」でアクセントをつける

「フェード」「ディゾルブ」を中心に、ときどき次のアニメーションを使うのも効果的です。

〈ときどき使うアニメーション〉
● **Powerpoint・Keynote：ワイプ**
● **Keynote：アンビル**

「ワイプ」とは、画面の上下左右方向、あるいは斜め方向から、スーッとテキストなどの要素を差し込むアニメーション。やや動きが大きいので頻発すると鬱陶しいですが、聞き手に印象づけたい要所で使用すると効果的です。

たとえば、【図27-4】のように使います。これは、旅行会社が台湾旅行をPRする社外プレゼン資料。まず、多画像効果で台湾旅行のさまざまな魅力を訴求します。そのうえで、左横から「魅惑の街　台湾旅行」というキーメッセージの乗った「帯透過」を差し込むわけです。

一方、「アンビル」はKeynoteにのみ搭載された機能。これは、画面の上から「ズドン！」とキーメッセージなどを落として表示するアニメーションです。非常に強いインパクト与えるもので、スティーブ・ジョブズが多用したことで知られています。

このように、「ワイプ」や「アンビル」などのアニメーションを要所に挟み込むと、プレゼンにアクセントがつきます。単調なプレゼンだと飽きられてしまいますので、上手に活用していただきたいと思います。

これら以外にも、有効なアニメーションはありますが、あまり「あれもこれも」と使いすぎると逆効果。まずは、「フェード」「ディゾルブ」を中心に、ときどき「ワイプ」「アンビル」を活用するコツを身につけていただくことをお薦めします。

図 27-4 「ワイプ」でインパクトを生む

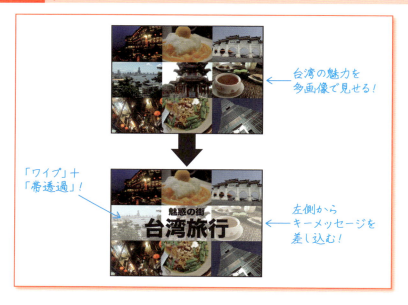

「変形」「マジックムーブ」で理解を助ける

　もう1つ非常に使い勝手のいいアニメーションがあります。「変形」（Powerpoint Office365から）と「マジックムーブ」（Keynote）という機能です。

　これらは、連続した2枚のスライドの間で同じテキストや写真を使うときに、1枚目のスライド上の位置から2枚目のスライド上の新しい位置に移動したことを視認できるアニメーションです。

　たとえば、Lesson 26の【図26-2】のようなスライドで活用するときわめて効果的。その動きを図示したのが【図27-5】です。まず、①に示した「簡単」「わかりやすい」「安心」のうち「簡単」の部分だけが、②のようにアニメーションで移動。そして、移動が終わってから③のようにすべての要素を表示します。1枚目のキーメッセージの一部が2枚目のスライドに移動したこと

図 27-5　「変形」「マジックムーブ」の使い方

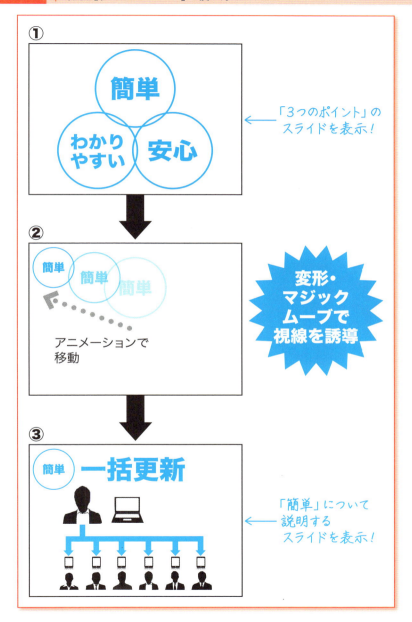

第5章　100%結果を出すプレゼン資料の「秘密」

を目で追うことができるので、聞き手は2枚のスライドの関係を直感的に理解しやすいわけです。このように、聞き手の理解を助ける非常に優れたアニメーション機能なのです。

Lesson 28 「7ヒッツ」で記憶に刻み込む

記憶に残す「キラーフレーズ」を決める

　聞き手の記憶に刻み込む──。

　これが、社外プレゼンを成功させる重要なポイントです。営業プレゼンであれば3〜5分、説明会プレゼンではもう少し長い時間が与えられますが、その間に「購入しよう」「契約しよう」という最終決断にまで至ることはほぼありません（心証は決まりますが……）。多くの場合、その後の商談等を経て、じっくり検討したうえで最終決断をするわけです。そのためには、プレゼンの内容を、聞き手の記憶に刻み込まなければなりません。そして、何度も心の中で反芻することによって、最終決断へと踏み出してもらうのです。

　ただし、3〜5分の短いプレゼンであっても、その内容のすべてを記憶してもらうのは、まず不可能です。むしろ、最も伝えたいキラーフレーズをしっかりと記憶に刻むことが重要。そのキラーフレーズが心の中に残っていれば、それを糸口に聞き手はプレゼンの内容を思い返すことができるからです。ですから、プレゼン資料をつくる前に、「これだけは覚えてもらおう」というキラーフレーズを明確にしておくようにしてください。

　営業プレゼンでは、商品名がキラーフレーズになることが多いでしょう。なぜなら、何をおいても商品名を覚えてもらわなければ、何も始まらないからです。とはいえ、場合によっては、商品名とは異なる言葉を刻み込みたいこともあります。

　たとえば、Lesson 19でご紹介した、遺骨をダイヤモンドにする会社の営業担当者は、「もう一度、逢いたい」という言葉をキラーフレーズに設定していました。おそらく、聞き手であるご遺族の方が、亡くなった方を追想するときに、このサービスのことも一緒に思い出していただこうとしているのでし

第5章　100%結果を出すプレゼン資料の「秘密」

ょう。そして、「遺骨でダイヤモンドをつくれば、いつでもそばにいられる」と、購買意欲に自然と結び付けてもらうわけです。皆さんも、ぜひ、このような効果的なキラーフレーズを見つけてください。

● 「資料＋口頭」で最低7回繰り返す

では、キラーフレーズを記憶に刻むにはどうすればいいか？

キラーフレーズを繰り返せばいいのです。それも、最低7回。これは、マーケティングを学んだ方はご存知のとおり、「7ヒッツ理論」に基づく手法。消費者が広告や情報に3回接すると、その製品を認知する確率が上がり、7回接すれば、購入に至る確率が上がるという理論です。

これは、プレゼンにも応用できます。1つのプレゼンのなかで、キラーフレーズを最低7回繰り返すことによって、聞き手の記憶にインプットされ、購買意欲に繋がるのです。

演説でも同じことが言えます。たとえば、1960年代の公民権運動のリーダーであるマーチン・ルーサー・キング牧師の有名な演説に"I have a dream"があります。人種平等と差別の終焉を呼びかけた17分間の演説のなかで、キング牧師は"I have a dream"というフレーズを8回繰り返しました。そして、このフレーズが多くのアメリカ人の記憶に刻み込まれ、社会を大きく変えるほどのインパクトを生み出したのです。

キング牧師だけではありません。人々の記憶に残り、人々を動かす力のある演説やプレゼンには、必ずと言っていいほど「7ヒッツ」が隠されています。これを、参考にしない手はありません。

Lesson 4の【図4-3】を見返してください。このプレゼンでは、「デジカタ」という商品名をキラーフレーズとして設定。7回どころか、資料上で4回、口頭で約8回、合わせて12回も繰り返しています。さらに、写真でも「デジカタ」や「デジカタを使って営業をしているビジネスパーソン」の写真を連打。徹底的に「デジカタ」という商品を記憶に刻みつけようとしています。

ただ、これだけ何度も繰り返していいのは、おそらく商品名だけです。た

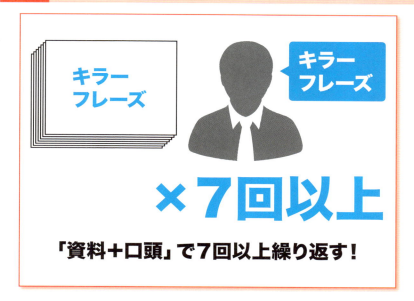

図 28-1　「7ヒッツ」で記憶に刻む

とえば、先ほどの「もう一度、逢いたい」というキラーフレーズを、これだけ何回も繰り返すと、不自然で鬱陶しく感じられるため逆効果。このような場合には、「資料＋口頭」で7回繰り返すことを意識するといいでしょう。それで十分、聞き手の記憶に残すことはできます。

　プレゼンにおいて強調する「キラーフレーズ」を見つける。
　そして、7回以上繰り返す──。
　これが、強力な社外プレゼンの鉄則なのです。

「比喩法」で数字に実感をもたせる

 見せ方で「数字」のインパクトは変わる

「数字」には、人にインパクトを与える力があります。

Lesson 23でも触れたとおり、「売上倍増」と「売上2倍」は意味することが同じですが、パッと見た瞬間にほとんどの人が反応するのは後者です。「情報漏洩のリスク大」と言うよりも、「情報漏洩の賠償200億円」のほうがギョッとします。数字によってリアリティが生まれるからでしょう。

ですから、聞き手の感情を動かす「パワースライド」をつくるためには、「数字」を最大限に生かすことが重要です。そこで、ここでは、「数字を効果的に見るコツ」についてご説明したいと思います。

「数字」は見せ方によって、印象がずいぶんと違ってきます。

たとえば、150時間かかる作業を100時間で行える設備ならば、「50時間削減」という見せ方でインパクトを生み出すことができます。しかし、4時間を2時間に減らす商品・サービスであれば、「2時間削減」と打ち出してもピンと来ません。この場合には、「50％削減」と表現するほうがインパクトを生み出すことができるでしょう。このように、同じ内容であっても、「数字」の見せ方によって、その効果には大きな差が生まれます。

また、単に「大きな数字」がインパクトを生み出すとも限りません。

たとえば、発売したばかりで、まだ2％しかシェアを取れていない寝具があるとします。その快適さが医学的に証明されていて、かつ、利用者から高い評価を得ているならば、「たった2％の人しか気づいていない快適さ」などと「2％」という数字を"逆手"にとった見せ方によってインパクトが生まれます。希少性や新規性を訴えることによって、感度の高いユーザーを惹きつけることが期待できるでしょう。

このように、「いま手元にある数字」を、さまざまな角度から分析して、聞き手にインパクトのある見せ方を見つけるようにしてください。

比喩法で「強い数字」をつくる

　さらに、「数字」を効果的に見せる方法があります。

　私は、これを「比喩法」と名付けています。よく、広いスペースを表現するときに「○○㎢、東京ドーム20個分です」といった表現がされますよね？あれです。「何かをほかの何かに置き換えて表現すること＝比喩」を使って、数字に実感をもってもらうわけです。

　これは、プレゼンでも極めて有効です。

【図29-1】をご覧ください。これは、30代女性を中心とする聴衆に対して、台湾旅行を提案する説明会プレゼンの資料。①のスライドで、30代女性の21％が化粧品に月5000円以上、つまり年間6万円以上使っているというデータを示します。

　そして、②〜③のスライドで、心地よさそうな温泉の写真を表示。「気持ちよさそうですね？」と問いかけながら「箱根高級旅館×8回」というメッセージを表示し、「6万円あれば、年に8回も箱根の高級旅館に泊まれます。化粧品代を少し削れば1回は行けますね」と口頭で伝えます。

　さらに、④〜⑤で台湾観光地の写真と「台湾旅行×2回」というメッセージを表示して、「そして、6万円あれば台湾に2回も行けます。化粧品代を半分にすれば、それだけで台湾に行けるんです」とプッシュします。

　このように、「比喩法」を使いながら、「化粧品代6万円」が「高級旅館8回」、さらに「台湾旅行2回」に相当するとたたみかけていくわけです。魅力的な写真によって「いいなぁ〜」「行きたいなぁ〜」という感情が生まれることと相まって、化粧品代という半ば固定費化した経費の一部を台湾旅行に振り替えてもいいと考えるようになる人もいるはずです。

第5章　100％結果を出すプレゼン資料の「秘密」　147

図 29-1　「比喩法」で数字に実感をもってもらう

数字の「単位」を変えてみる

　ちなみに、Lesson 4でお示しした「紙カタログのコストは年間5000万円。これは、20名の新規採用ができる金額」であることを示したスライド（図4-3）も、この「比喩法」を使ったものです。「5000万円のコスト」とだけ示すよりも、「新規採用20名分のコスト」であることもあわせて示したほうが、聞き手の「コスト意識」は強く刺激されるはずです。このように、「比喩法」は、数字をより効果的に見せる、非常に有効な手法なのです。

　ですから、プレゼン資料をつくるときには、常に、「この数字に比喩法は使えないか？」という意識をもつようにしてください。
「比喩法」に使える数字の見つけ方は3つ。
　まず、「単位」を読み替える方法。「化粧品代6万円」という「金額」を、「台湾旅行2回」という「回数」に置き換えたり、「5000万円」という「金額」を、「新規採用20名分」という「人数」に置き換えたように、「単位」を変えて読み替えてみると効果的な数字が見つかるはずです。
　第2に、非常に大きな数字を扱うときには、インターネット検索が有効です。たとえば、「高齢者医療費16兆円」という数字を「比喩法」で表現したいときには、「16兆円」というキーワードで検索します。すると、「A国の国家予算」「アップルの売上」などがヒット。「A国の国家予算」との比較で「そんなにかかっているのか」という実感が生まれるでしょうし、「アップルって、そんなにすごい会社なんだ！」という"トリビア的"な興味をかき立てることもできるかもしれません。
　第3に、カラーバス効果。カラーバス効果とは、その時々に気にしている物事に自然と目が止まる人間の習性のこと。プレゼンまで時間的な余裕があるときは、比喩を探している数字を頭の片隅に置いておくことによって、テレビや新聞や周囲との会話のなかから、自然と使えそうな数字が飛び込んでくることがあります。自分では思いも寄らない比喩が生まれることもあるので、これも有効な方法だと思います。

「公式法」で説得力を増す

 一瞬でロジックを伝える「公式法」

ビジネスには、さまざまな「公式」があります。
「客単価×来店客数＝売上」「固定費＋変動費＝経費」……。これらの「公式」を、皆さんも日々使いこなしていらっしゃるはずです。そして、この「公式」を上手に使うと、プレゼンの表現力も格段に上がります。ちょっと込み入ったロジックを、「公式」を使うことで一瞬で伝えることができるからです。

たとえば、Lesson 4でお示しした「デジカタ」の営業プレゼンでは、「5000万円のコスト」が「新規採用20人」に相当することを示しましたが、ここでさらに、「5000万円を紙カタログから人件費に振り替えたときの売上効果」を示すことができれば効果的ですよね？

ところが、これを言葉で説明するとまどろっこしくなります。そこで、「公式法」を使います。【図30-1】をご覧ください。まず、①で「営業担当者数×受注額＝売上」という公式を提示したうえで、②で現時点での売上を示します。営業先の営業担当者数が50人で、平均受注額が3000万円だとすると、売上は15億円。そして、④で新規採用20人を加えると、売り上げが21億円になることを示します。つまり、5000万円のコストを人件費に振り替えることで、6億円のメリットが生まれるわけです。

いかがでしょうか？

このように、「公式法」を使えば、ちょっと込み入った説明も手際よく、かつ効果的に伝えることができることを実感できるのではないでしょうか？
この4枚のスライドを【図4-3】の「ボディ・スライド⑧」のスライドの後に挿入すると、より説得力が増すと思います。

図 30-1 「公式法」でわかりやすく説明する

① 営業担当者数 × 受注額 = 売上

【トーク例】
「言うまでもありませんが、営業担当者の数に１人ひとりの受注額を掛けた金額が御社の売上となります」

② 営業担当者数 × 受注額 = 売上
50人 × 3,000万円 = 15億

【トーク例】
「御社の営業さんは約50人。お１人平均3000万円の受注だとすると総売上は15億円となります」

③ 営業担当者数 × 受注額 = 売上
50人 × 3,000万円 = 15億
＋
20人

【トーク例】
「紙カタログにかかっている5000万円のコストを採用に振り向けたら、20人の増員ができます」

④ 営業担当者数 × 受注額 = 売上
50人 × 3,000万円 = 15億
＋
20人
＝
70人 × 3,000万円 = 21億

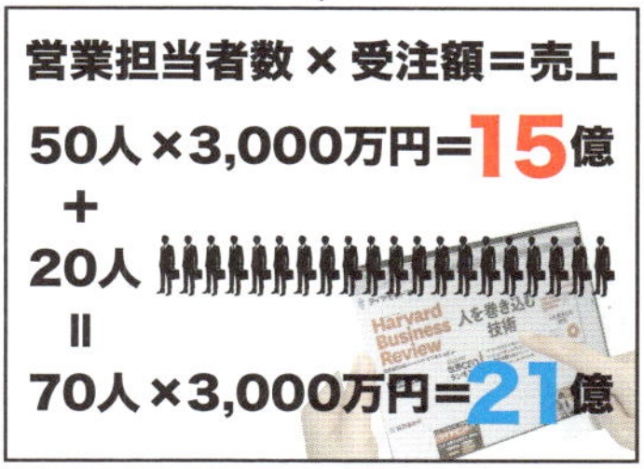

【トーク例】
「すると、総売上は21億円。デジカタを導入することによって、１円の追加投資もなく、６億円も売上を増やすことができるわけです」

あるいは、こんな「公式法」の使い方もあります。

【図30-2】をご覧ください。

これは、食品メーカーの営業担当者が、コンビニエンスストア・チェーンのバイヤーに新商品をPRする際のプレゼン資料の一部。コンビニで併売率が最も高い「お弁当」と「お茶」と一緒に買い上げてもらうことを意図してつくった新商品を売り込もうとしています。

まず、①で「コンビニ売上＝客単価×来店客数」という公式を提示。「言うまでもありませんが、売上を上げるためには、客単価を上げるか、来店客数を増やすしかありません」と伝えたうえで、アニメーションで「単価」の部分を赤罫で囲んで強調しながら、「本日は、客単価を上げることで御社の売上をアップさせるご提案をいたします」と口頭で伝えます。

そして、③のスライドに移行。「POSデータを分析すると、お弁当とお茶を購入されるお客様が最も多いことがわかりました」と説明しながら、アニメーションで「＋1」と表示したうえで、「私たちは、そこにもう1つ追加で購入してもらえる新商品を開発しました。客単価を上げることで、御社の売上を大幅にアップさせるご提案です」と続けるのです。

このように「公式法」を使うと、「客単価」を上げることで「コンビニ・チェーンの売上」を上げる提案であることを、たった2枚のスライドで端的かつ具体的に伝えることができます。言葉だけで伝えようとするよりも、よほど理解しやすく効果的なプレゼンになるのです。

「公式法」で「÷」は使わない

ただし、「公式法」を使ううえでの注意点があります。

まず第1に、一般的で聞き手がわかりやすい公式を使うこと。専門的で一般になじみのない公式を見せられても、聞き手はピンと来ませんし、「面倒くさそうなプレゼン」と思うだけです。

ですから、ビジネスパーソンなら誰でもわかる「売上＝客単価×来店客数」といったポピュラーな公式か、業界でよく使われる公式に限定したほうがいいでしょう。たとえば、「売上＝ARPU（毎月払う1人当たりの利用料）

図 30-2 　「公式法」で魅力的な提案をつくる

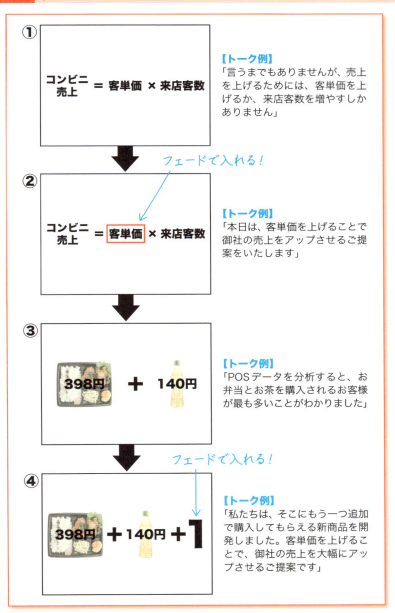

×顧客数」という公式は一般的ではありませんが、携帯電話業界では常識ですから、携帯電話業界内のプレゼンでは「公式法」として有効に使うことができます。

　また、「割り算」の公式は避けるようにしてください。

「足し算」「引き算」「掛け算」は日常生活でも使う頻度が高いため、聞き手は理解しやすいですが、「割り算」は苦手な人も多いのでピンと来ないからです。どうしても「割り算」を使う場合には、「A＝B×1/2」など「掛け算」の形に置き換えたほうが理解してもらえるはずです。

Lesson 31 特典スライドで「決断」を後押しする

「未来像スライド」の後に挿入する

　社外プレゼンは、商品・サービスの「機能（特徴）」「メリット（効用）」「未来像」を伝えることで、「納得→決断」に導くことが目的です。しかし、それだけでは「決断」へのプッシュが足りないケースもあります。その場合には、「特典スライド」で後押しをする必要があるでしょう。

　【図31-1】は、Lesson 4でお示しした「デジカタ」営業プレゼンに挿入する「特典スライド」です。「3つの特典」というスライドに続いて、「更新用管理サイト無料作成」「電子カタログ1回分無料作成」「3か月無料お試し」の3

図31-1　「特典スライド」の実例

つの特典を列記したスライドを表示します。ここでも、説明文の文字数は極力減らしたうえで、「無料」「３か月」など先方にとってのメリットを大きなフォント（青字）で強調するのを忘れないでください。

挿入箇所は、「未来像」を示したスライドの後。商品・サービスの魅力を伝え切ったうえで、最後の「一押し」として活用すると効果的です。ですから、【図31-1】のスライドは、【図4-3】の「ボディ・スライド⑫」の後に挿入することになります。

「広告」「CM」などの情報でもプッシュする

「決断」を後押しするのは、「特典スライド」だけではありません。

たとえば、小売店のバイヤーに新商品の売り込みを行うときには、新商品の魅力を伝えたうえで、広告を打つことを伝えると「店頭で仕掛け販売をしよう」などといった決断を後押しすることができます（図31-2）。

図 31-2 　CM用法で「決断」を後押しするスライド

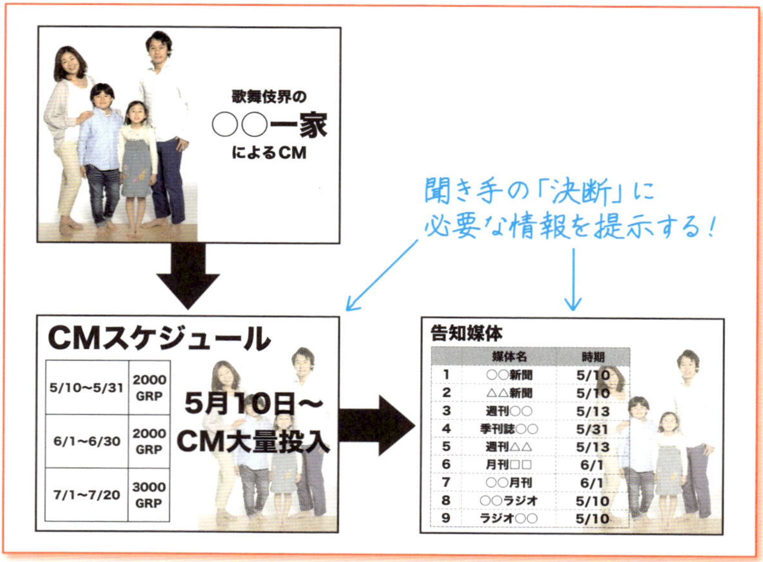

この場合には、「広告を出す媒体」「広告紙面・CM動画」「広告出稿タイミング」などの情報はもちろん、できれば、同様の広告を出した類似商品の過去の販売実績をグラフ付きで示しても効果的でしょう。重要なのは、相手が決断をするうえで必要な情報は何かを考えること。そのために必要な情報を厳選して、コンパクトに伝えるようにしてください。

Epilogue
あとがき
プレゼンは人生を豊かにするツール！

　最後までお読みくださって、ありがとうございました。

　本書には、ソフトバンクなどで、私がこれまでに培ってきた「社外プレゼンの資料作成術」のエッセンスを詰め込みました。前著である『社内プレゼンの資料作成術』（ダイヤモンド社）とあわせて読んでいただければ、ビジネス・プレゼンの基本を網羅的にマスターしていただけると自負しております。

　私なりに、プレゼン技術を究めることができたのは、ひとえに、これまで仕事でお世話になった皆様のおかげです。直々にご指導をくださった孫正義社長をはじめ皆様に、改めて深く御礼を申し上げます。そして、仕事に悪戦苦闘する私をずっと支えてくれた家族にも感謝しています。

　本書で最もお伝えしたかったことは、徹底的に聞き手の立場に立って考えることの重要性です。「相手はどんな人なのか？」「相手は何に悩んでいるのか？」「相手はどんな未来を望んでいるのか？」。このように相手の心に寄り添うこと。これこそが、プレゼンにおいていちばん大切なことなのです。

　もちろん、ビジネス・プレゼンですから、「売る」ことがゴールです。しかし、それを超えて「相手のために」という念いを高めることこそが大事。その念いが本物であれば、本書でお伝えしたノウハウを活用していただくことで、必ず「結果」が出るプレゼンができるようになると確信しています。

　ただ、本書のノウハウは、ビジネスパーソン個々人にとって有用なだけではありません。会社全体で、社外プレゼン資料の水準向上に取り組んでいただくことに意味があると考えています。

　というのは、クライアントさんから「トーク力に頼る営業から脱皮したい」と相談を受けるケースが増えているからです。トークの得手不得手はどうしても個人差がありますし、経験豊富なベテランのほうが「話すネタ」が多いだけに、結果を出しやすい傾向もあります。しかし、それでは、組織として営業力を底上げするのが難しいというのです。

そこで、注目されているのが「プレゼン資料」。資料づくりのコツは、学べば誰でもマスターできます。それを社内で共有することで、営業力の底上げを図ろうというわけです。私自身、トークが苦手だったからこそプレゼン・ノウハウを磨いてきたわけですから、まさに「わが意を得たり」。いくつかのクライアントさんで研修をして、すでに結果が出始めているところもあります。社内で「資料術」を共有することで、ぜひとも、社員全員が活躍できる会社にしていただければと願っております。

　また、プレゼンは、単にビジネスのために役立つだけではありません。むしろ、私は、人生を豊かにすることにこそ、プレゼンの本質があると考えています。プレゼンとは、自分の念いを伝えることであり、相手の念いとコミュニケーションをとることです。その交流を、たくさんの人とすることができれば、豊かな人生が送れるのではないかと思うのです。

　私は、ソフトバンクを退社して、書家として独立しました。そして、書道のお教室では、いつもプレゼンをして、私の念いを生徒さんに伝えるようにしています。普通の会話では伝わり切らないような念いを共有したいからです。そして、その念いに呼応する形で生徒さんがそれぞれの念いを返してくださいます。そんなコミュニケーションが成立したとき、書家として、ひとりの人間として、このうえない幸福を感じます。

　私のプレゼン・スクールの生徒さんに乳がんのサバイバーがいらっしゃいます。がんを宣告されてからの「孤独」「絶望」を経験した彼女は、乳がん患者の方々をサポートするNPOを設立。仕事の合間を縫って、各所でプレゼンを展開。数多くの患者さんに希望を与えています。自分の苦しみを糧に、多くの人々に手を差し伸べるその姿に、私はいつも勇気をいただいています。

　だから、私は、プレゼンとは人生を豊かにするツールなのだと考えています。ぜひ、皆さんにも、ビジネスを超えて、ご自身の人生を豊かにするために、プレゼンの技術を磨いていただければと願っております。本書が、その一助となれば望外の幸せです。

　2016年2月　　　　　　　　　　　　　　　　　　　　　前田鎌利

【著者プロフィール】

前田鎌利（まえだ・かまり）

1973年福井県生まれ。東京学芸大学卒業後、光通信に就職。「飛び込み営業」の経験を積む。2000年にジェイフォンに転職して以降、ボーダフォン、ソフトバンクモバイル株式会社（現ソフトバンク株式会社）と17年にわたり移動体通信事業に従事。各種営業プレゼンはもちろん、代理店向け営業方針説明会なども担当。2010年にソフトバンクグループの後継者育成機関であるソフトバンクアカデミア第1期生に選考され、事業プレゼンで第1位を獲得。孫正義社長に直接プレゼンして幾多の事業提案を承認されたほか、孫社長のプレゼン資料づくりも多数担当した。その後、ソフトバンク子会社の社外取締役や、ソフトバンク社内認定講師（プレゼンテーション）として活躍。2013年12月にソフトバンクを退社、独立。ソフトバンク、ヤフー、株式会社ベネッセコーポレーション、大手鉄道会社などのプレゼンテーション講師を歴任するほか、全国でプレゼンテーション・スクールを展開している。著書に、『社内プレゼンの資料作成術』『プレゼン資料のデザイン図鑑』（ともにダイヤモンド社）など。

社外プレゼンの資料作成術

2016年 2 月18日　第 1 刷発行
2019年 9 月 6 日　第 7 刷発行

著　者──前田鎌利
発行所──ダイヤモンド社
　　　　　〒150-8409　東京都渋谷区神宮前 6-12-17
　　　　　http://www.diamond.co.jp/
　　　　　電話／03·5778·7227（編集）　03·5778·7240（販売）
装丁─────奥定泰之
本文デザイン─斎藤 充（クロロス）
編集協力───大畠利恵
製作進行───ダイヤモンド・グラフィック社
印刷─────加藤文明社
製本─────ブックアート
編集担当───田中 泰

©2016 Kamari Maeda
ISBN 978-4-478-06826-7
落丁・乱丁本はお手数ですが小社営業局宛にお送りください。送料小社負担にてお取替えいたします。但し、古書店で購入されたものについてはお取替えできません。
無断転載・複製を禁ず
Printed in Japan